# Entrons en dissidence

Yannick Jadot

# Entrons en dissidence

PLON
www.plon.fr

12, avenue d'Italie
75013 Paris
Tél. : 01 44 16 09 00
Fax : 01 44 16 09 01
www.plon.fr

ISBN : 978-2-259-22239-6

À Sabrina, Solal et Fabio, mes amours,
à mes parents, qui m'ont aussi fait aimer les arbres.

# Remerciements

Je me suis lancé dans la rédaction de ce livre il y a quelques années. Je l'ai terminée grâce à la précieuse collaboration de Damien Demailly et d'Emmanuel Kujawski, à la relecture et à l'aide d'Élise Beretz, Jean-Michel Braud, Émilie Casteignau-Bernardini, René Louail, Maëva Morin et Sonia Rouabhi, à la confiance de mon éditrice Muriel Beyer, aux idées, au soutien et à la patience de ma compagne. Que toutes et tous en soient ici remerciés.

Et merci à Dany Cohn-Bendit, infatigable dissident.

« Un peuple a toujours le droit de revoir, de réformer et de changer sa Constitution. Une génération ne peut assujettir à ses lois les générations futures. »

Article 28 de la Déclaration des droits de l'homme et du citoyen, 1793.

« La crise est le moment où l'ancien ordre du monde s'estompe et où le nouveau doit s'imposer en dépit de toutes les résistances et de toutes les contradictions. »

Antonio Gramsci, *Carnets de prison*, Gallimard, 1996.

# Prologue

## La fatalité économique n'existe pas

Lorsqu'en décembre 2009 la direction de Bosch annonce aux salariés de Vénissieux la fermeture prochaine de leur site de production, l'histoire aurait pu être d'une triste banalité : négociations d'indemnités après un conflit social plus ou moins long, plus ou moins dur, après l'attente insupportable d'un hypothétique repreneur. L'État français considère d'ailleurs inéluctable la fermeture et ne fait rien. Bercy n'émet qu'une demande, indécente : que le couperet tombe après les élections !

À cette date, le site de Vénissieux du groupe allemand fabrique des pompes à injection pour moteur Diesel. Il le fait bien mais le modèle est voué à disparaître. « Au top sur un produit périmé », comme le dit le délégué syndical CFDT Marc Soubitez, figure centrale et emblématique de l'usine. Des centaines d'emplois sont menacées, des savoir-faire individuels et collectifs voués à disparaître.

Les salariés vont démontrer qu'il n'y a pas de fatalité économique ou industrielle. Début 2012, Bosch Vénissieux ouvre sa première ligne de production de panneaux solaires. La majorité des emplois sont sauvés. En passant en quelques mois du secteur automobile aux énergies renouvelables, cette usine incarne la révolution industrielle verte.

Que s'est-il passé ?

Malgré la mort annoncée de leur outil de travail, les salariés ne baissent pas les bras. Le dialogue social est fort, proche du modèle allemand, et a déjà permis de surmonter des périodes économiques difficiles. Marc Soubitez, également membre du comité d'entreprise européen, active ses réseaux, obtient le soutien du puissant syndicat allemand IG Metall et réussit à rencontrer le patron du groupe en janvier 2010. L'excellence du site, l'engagement des salariés et de la direction locale plaident en sa faveur : il arrache la création d'une commission chargée de trouver une solution industrielle pour le site de Vénissieux. Avec l'aide du cabinet Syndex, spécialisé dans le conseil aux salariés, cette commission travaille d'arrache-pied. L'objectif n'est pas de conserver la production de pompes à injection, mais de reconvertir l'usine dans un secteur d'avenir. Pour montrer leur détermination, les salariés parcourent à vélo les 860 kilomètres qui les séparent du siège social de l'entreprise, près de Stuttgart. Surtout, ils maintiennent un niveau élevé de performance sur la production des pompes.

Le choix de la commission se porte alors sur le photovoltaïque, axe de développement mondial de Bosch. Mais la direction du groupe hésite, du fait de l'instabilité de la politique française en matière de soutien aux énergies renouvelables. En décembre 2010, le gouvernement Fillon décrète un moratoire sur les projets photovoltaïques qui détruit rapidement 15 000 emplois dans la filière. Contrairement à First Solar qui abandonne son projet d'implantation d'une usine à Blanquefort, Bosch s'engage, investit dans une chaîne d'assemblage ultramoderne, forme les salariés et devient le premier producteur de panneaux photovoltaïques en France.

Cette réussite ne doit rien au hasard. Le groupe Bosch et ses 50 milliards d'euros de chiffre d'affaires sont la propriété d'une fondation à laquelle le fondateur a légué ses parts. N'étant pas cotée sur les marchés financiers, seuls les choix industriels gouvernent l'entreprise, seule l'activité l'autofinance. Le dialogue social et la codécision sont aussi une marque de fabrique du groupe. Les salariés et les dirigeants passent donc une année à discuter savoir-faire collectif, état des marchés automobile et énergétique, contraintes de rentabilité... Ils dialoguent, confrontent leurs logiques tour à tour contradictoires et complémentaires, font émerger une solution innovante pour l'activité du site. Bref, ils produisent de l'intelligence collective.

Cette *success story* pourrait malheureusement s'arrêter net, faute d'être protégée contre la concurrence acharnée et déloyale de la Chine. Car, depuis quelques années, Pékin dope son industrie photovoltaïque avec plus de 30 milliards de dollars d'aides publiques[1]. Objectif : inonder le marché mondial avec des panneaux solaires vendus à la moitié de leur coût de production, tuer les industries américaine et européenne pour imposer son leadership sur l'un des secteurs clés de l'économie mondiale du XXIe siècle. Les conséquences sont rapides et dramatiques : de nombreuses entreprises, des PME comme des leaders mondiaux, ferment, déposent leur bilan ou sont près de le faire. Divisée face à la Chine, l'Europe plie, incapable de défendre une filière industrielle performante, innovante, créatrice d'emplois et d'entreprises sur tous les territoires, contribuant à notre autonomie énergétique comme au défi majeur de la lutte contre le dérèglement climatique.

Bosch n'échappe pas au massacre et se sépare de sa filière solaire. Le site de Vénissieux est en

1. *Source* : « China and the Future of New Energy Technologies », Institut de relations internationales néerlandais Clingendael, mars 2012.

vente, la déception et la colère des salariés immenses, à la hauteur de leur engagement. Alors que j'écris ces lignes, je ne sais pas si Bosch Vénissieux et ses centaines de salariés formidables ont trouvé un repreneur.

Malgré l'incertitude, malgré l'échec toujours possible, il faut retenir la méthode qui a permis le succès provisoire de Bosch Vénissieux. Il tient à un partage équilibré des pouvoirs. Si les salariés ont été écoutés à Vénissieux, c'est grâce à leur mobilisation, à l'unité du front syndical en France et en Europe, à la qualité de leurs représentants. C'est grâce à la codécision au sein des conseils d'administration où les salariés occupent une place importante. Cette conversion industrielle réussie, c'est aussi grâce au capitalisme familial en vigueur outre-Rhin ; il permet d'échapper à la finance prédatrice qui sévit largement en France et ailleurs, grâce à cette autonomie qui donne les moyens d'anticiper, d'investir et de former.

Le changement de modèle génère des conflits que la démocratie doit organiser et résoudre. À Vénissieux, l'existence d'un espace de souveraineté a permis aux salariés de reprendre les manettes du « système », cet objet confus non identifié. Rien n'est garanti cependant. Si le rôle de la politique est d'ouvrir de tels espaces, il devrait être ici de garantir un cadre de politique énergétique stable et incitatif et de protéger nos entreprises d'une concurrence impitoyable.

C'est en revitalisant la démocratie qu'on lève de nouveaux espoirs. Voilà la leçon de Bosch Vénissieux, voilà la conviction que j'ai voulu développer dans ce livre. Pour rompre avec la fatalité, il faut entrer en dissidence. Pour qu'émerge un modèle de développement qui garantisse la prospérité individuelle et collective et prenne en compte la finitude de notre planète, le défi est immense : nous devons bâtir le nouvel âge de la démocratie.

# Introduction

La crise entamée en 2008 a signé la fin d'un monde. Tant mieux, car une société nouvelle est prête à prendre sa place.

Trente ans que les crises s'ajoutent les unes aux autres, économique, sociale, environnementale, politique, sociétale ou civilisationnelle, toujours plus violentes, toujours plus imbriquées. Elles sont devenues LA crise. Trente ans que les tenants du monde d'Hier se cramponnent aux manettes, nous expliquent qu'il ne s'agit que d'un sale moment à passer et réclament d'ultimes sacrifices en nous promettant l'inévitable embellie, le retournement logique du cycle et la croissance enfin retrouvée.

Effrayée à l'idée de disparaître avec le vieux monde, l'oligarchie politique et économique fait de l'existant le refuge de sa pensée, du *statu quo* le sens de son action. Libéraux-conservateurs comme sociaux-démocrates constatent, impuissants, l'incapacité de leur logiciel à contrer l'explosion des inégalités sociales et l'effondrement de notre patrimoine environnemental. Ils n'offrent plus aucune perspective à la société, sinon celle d'un impossible retour aux trente glorieuses et son taux de croissance mythifié, avec pour unique objectif de maintenir à flot un système tendu vers le « produire plus pour consommer plus ». Quitte à générer endettement généralisé et épuisement des ressources. Quitte à sacrifier chaque jour un peu plus les jeunes et les générations futures. Tétanisés par le risque de bouleversement démocratique, ils s'enferment dans le court terme, revendiquent l'excellence gestionnaire – cette triste vision comptable de la société – comme ultime vertu politique. Fini le temps long : les grands enjeux du cosmopolitisme, de la justice, de la protection du climat et des écosystèmes sont remisés au placard.

La planète continue pourtant de tourner. Une planète dont l'existence est menacée par l'activité même de ceux qui la peuplent, infiniment plus complexe qu'il y a trente ans, avec près de 200 États souverains. La chute du mur de Berlin nous a débarrassés des rapports binaires Est/Ouest. L'ancien « Sud » prend dorénavant son destin en main et plonge le vieux Nord dans une peur tenace du déclin.

Ce malaise est le prétexte idéal pour repousser à plus tard toute refonte du système. Pour les rentiers de la politique comme pour ceux de l'économie, c'est le moment de ne rien lâcher, afin de ne pas devoir partager richesses et pouvoir de décision avec celles et ceux qui ne réclamaient rien jusqu'alors. Mais les logiques d'hier ne valent plus aujourd'hui, il faudra l'accepter.

En l'espèce, plus le monde devient horizontal, se construit en réseaux, plus l'oligarchie tenante de la verticalité s'acharne à en conserver la tête. Sus aux énergies renouvelables ! Maintenons le tout-nucléaire et la production d'énergie entre les mains d'EDF, et tant pis pour les générations futures, le citoyen producteur de sa propre énergie, les emplois verts de la nouvelle économie... Nos institutions restent désespérément figées, imperméables au changement et à ce qui se trame dans la société comme par-delà les frontières.

Car, pendant ce temps, la démocratie s'étend à grande vitesse, gagne des territoires qui ne l'avaient jamais expérimentée comme la Tunisie et l'Égypte, poursuit sa transition au Brésil, en Turquie et ailleurs. Le boom technologique produit par Internet rend l'information accessible partout en un temps record, et suscite une soif de connaissance et une conscience du monde sans précédent. Aux quatre coins du globe, de nouvelles classes formulent des attentes démocratiques inédites.

En France comme ailleurs, de nombreux citoyens, en avance sur leurs dirigeants, ont changé leurs habitudes. Jamais ils n'ont été autant engagés dans la sphère associative. Les femmes, les minorités, visibles ou invisibles, revendiquent la place qui leur revient à juste titre. Dans les villes, les quartiers et les zones rurales, dans les entreprises, les fermes et les collectivités, les initiatives bourgeonnent, à la reconquête d'une souveraineté perdue au détour du virage néolibéral. Fondées sur les réseaux et le partage, avec le souci permanent de protéger la planète, ces dynamiques rompent radicalement avec cette verticalité inscrite dans nos gènes politiques depuis la Monarchie absolue, et que la Révolution et les Républiques ont gravée dans le marbre de nos institutions. Cette révolution silencieuse rejette la logique dominante, la fatalité et le défaitisme. En cela, elle est dissidence.

Mais l'accès aux décisions qui intéressent le quotidien demeure impossible pour beaucoup d'entre nous. Dépossédés des leviers du changement, percutés par la mondialisation, les citoyens sont légitimement inquiets, angoissés par un sentiment profond d'expropriation de leur destin. Sans compter que nous sommes soumis à des injonctions contradictoires : culpabilisés de ne pas consommer assez pour alimenter la « croissance qui va tout résoudre », de trop et mal consommer et de participer ainsi à la destruction de la planète, et, dorénavant, de ne pas consommer français et de mettre en péril les industries et les emplois !

Consommateurs mal informés sur les conditions sociales et environnementales dans lesquelles sont fabriqués les produits, travailleurs qui voient leurs usines fermer chaque jour, ou encore épargnants ignorant si leur argent finance des armes ou la transition écologique, nous sommes tous victimes du triomphe du libéralisme vulgaire qui nie l'humain, soumet la nature au pillage et les sociétés au darwinisme social. Le monde semble tourner sans nous. Il n'a plus de sens. Bien malin celui qui saurait dire désormais qui définit l'intérêt général et où s'exerce la démocratie. Nous ne sommes plus souverains.

Il est temps de faire sauter la digue des conservatismes coalisés, pour que le nouveau monde émerge et que la nouvelle société puisse se déployer. C'est au fond le sens de mon engagement depuis près de trente ans.

## Quand politique spectacle et rente financière ne font plus qu'un

Dans ce désordre ambiant, les États eux-mêmes semblent ne plus savoir à quel saint se vouer. Et pour cause, puisque leurs dirigeants politiques ont largement abdiqué leur souveraineté au profit des marchés et de la finance. La mise en scène du pouvoir prime sur son exercice. La fiction nationale étatique, avec sa grand-messe présidentielle quinquennale, se poursuit sous les regards amusés des marchés globaux et ceux désabusés des citoyens. La campagne de 2012 n'a pas dérogé à la règle : elle a été une pathétique démonstration d'impuissance politique, privilégiant toujours la forme au fond, la petite phrase à l'explication, l'immédiateté au temps long, simplifiant à outrance les enjeux majeurs auxquels nous sommes confrontés, jusqu'à la mise en scène indécente de boucs émissaires : les immigrés, les musulmans et les Roms toujours, mais aussi les acquis sociaux, les 35 heures, l'Europe, la mondialisation...

Triste paresse libérale où l'acceptation du capitalisme financier apparaît comme le degré supérieur du réalisme et du courage politique. Affligeante parodie chauvine où le souverainisme et l'étatisme se vendent comme la dernière des subversions, alors que nos pays n'ont jamais été confrontés à autant de nouveaux défis qui les dépassent.

Le gouffre entre la fiction médiatisée et la réalité du pouvoir ne trompe personne mais devient le ferment dangereux de la désillusion démocratique. Plutôt que de jouer la carte de la vérité, chacun préfère se rassurer et nourrir l'égoïsme chez lui comme chez le voisin. Le chacun pour soi nous conduit dans le mur. Les citoyens constatent, dépités, que l'intérêt général se dilue aussi rapidement que se défait l'État.

La France est une grande nation qui crève à petit feu de son présidentialisme, de son étatisme centralisé, de ses corporatismes et de la consanguinité de ses élites, si peu à l'image de la société réelle. État, lobbies et partis politiques se retranchent sur leur pré carré, étouffent la démocratie vivante dans la technocratie et tentent par tous les moyens de repousser une société transformée par les innovations sociales et technologiques du siècle naissant. Le monde qui vient peut rester flou, peu importe : il ne sera pas le leur.

## « *There is no alternative* » : la devise de nos élites

On aurait pourtant pu croire que le tsunami financier de septembre 2008 ébranlerait les convictions de nos élites. Mais rien à faire. Leurs velléités de changement sont vite retombées, au nom d'une « crise » qui justifie tous les renoncements, tous les reculs. La direction du Trésor, avec son catalogue de pseudo-réformes dites « structurelles », impose aux gouvernements le même agenda libéral.

L'austérité elle-même est devenue saignée moralisatrice, « juste » punition de nos excès passés. La croissance comme vision et l'austérité comme solution forment la tenaille qui resserre, jusqu'à l'étouffement, l'espace démocratique nécessaire aux choix de société : la France est-elle si pauvre, ses forces vives si affaiblies, qu'elle ne peut répartir plus équitablement ses richesses et relancer son économie grâce à la transition écologique sans attendre un hypothétique retour de la croissance ?

Si le libéralisme vulgaire est à ce point durable, c'est parce qu'il est la seule pensée économique qui trouve grâce aux yeux de nos dirigeants. De fait, le fameux TINA – « *There Is No Alternative* » – de Margaret Thatcher est partagé par la plupart des gouvernements depuis plus de trois décennies. Il faut dire qu'en termes de storytelling le concept est d'une redoutable efficacité : bien plus qu'une simple théorie économique servant à accélérer les gains de productivité, il agite la menace d'un déclin inexorable pour nos sociétés face à la concurrence de puissances émergentes, et légitime par conséquent l'apparition d'un « trou noir démocratique » au bénéfice d'entreprises de plus en plus puissantes et opaques. Le besoin de retour du politique est immense.

## Le sursaut ou le chaos

Réveillons-nous ! Nous savons où nous conduit l'inaction : l'explosion des inégalités sociales et l'effondrement de nos écosystèmes plongeront l'humanité dans le chaos. Le sursaut dépend de notre volonté de répondre aux questions suivantes : comment réduire substantiellement notre empreinte globale sur la Terre ? Comment repenser l'accès à des ressources naturelles en déplétion, alors que la demande de confort explose partout dans le monde à mesure que les classes moyennes se développent dans les anciens pays du Sud ?

Là est le plus grand paradoxe. La surconsommation des ressources de notre planète confine à l'absurde mais le politique reste pétrifié. Et pour cause, le défi est inédit dans l'Histoire. L'excellence gestionnaire enseignée sur les bancs de l'ENA, grande pourvoyeuse de ministres et de conseillers ministériels, ne suffit plus !

Notre responsabilité collective est morale : il faut inventer un nouveau récit qui mobilise l'ensemble des sociétés. L'idée n'est pas simplement de changer de modèle institutionnel, de conventions sociales et économiques. Il s'agit de réfléchir ensemble aux moyens de sortir de l'âge du carbone et de stopper la sixième extinction des espèces. La sobriété, le renouvelable, le recyclage et la mise en réseau sont les contours impératifs d'une nouvelle prospérité, justement partagée à l'échelle des territoires comme de la planète. Il ne s'agit pas tant d'apporter des solutions – beaucoup existent déjà – que de permettre aux citoyens de s'en emparer. Le chemin sera long et difficile, puisqu'il s'agit ici de contester les rentes, remettre en cause de puissants intérêts et bouleverser les habitudes de chacune et chacun d'entre nous. Et comme si cela n'était pas assez, il nous faut répondre à un défi encore plus grand, celui de la légitimation des perspectives de changement, des dynamiques économiques nouvelles et des constructions démocratiques et sociales innovantes, dans un contexte de crise qui souvent paralyse.

## La parole à la société : place à la « Petite Poucette »

Dans un monde où des millions de décisions économiques se prennent en un millième de seconde, redonner du temps aux processus démocratiques n'est pas chose aisée. Mais nous n'avons pas le choix, c'est avec les citoyens que se construisent les bonnes réponses. L'époque que nous vivons offre des potentialités, jamais vues auparavant, de participer à la vie de la collectivité.

À la manière du mouvement ouvrier issu de la révolution industrielle du XIX^e^ siècle, la génération de la « Petite Poucette » décrite par Michel Serres[2] est le fruit d'une révolution technologique qui façonne un nouveau monde sous nos yeux. Par ses tweets, mails, sms et autres

2. Serres, Michel, *Petite Poucette*, Paris, Le Pommier, 2012.

connexions *via* Internet, cette génération manifeste chaque jour, aux quatre coins du globe, une appétence inédite pour la gestion des affaires. Et à mesure que les classes moyennes grandissent dans les pays du Sud, le grondement se fait plus fort et plus distinct face aux injustices, à la corruption, à la pollution et aux gaspillages absurdes de ressources naturelles et humaines.

On ne compte plus les soulèvements spontanés et singulièrement connectés qui se manifestent aux quatre coins du globe. Le printemps fleurit un jour en Grèce, le lendemain avec les Indignés en Espagne, avec les opposants à Ahmadinejad en Iran puis sous les tentes plantées en plein cœur de Tel-Aviv, en France pour dire non aux projets absurdes de Notre-Dame-des-Landes ou du tunnel Lyon-Turin, à New York avec le mouvement « Occupy Wall Street », ou encore en Turquie et au Brésil pour bâtir une nouvelle urbanité. Chaque fois, la réponse institutionnelle se fait par le mépris ou la violence, comme un énième témoignage de l'incapacité de l'État à appréhender les revendications et les idéaux de ces nouvelles générations de femmes et d'hommes.

## Entrons en dissidence pour reconquérir notre souveraineté

Face à cela, il nous faut entrer en dissidence. Non pas privilégier l'insurrection, dont on ne sait plus si elle est de droite ou de gauche depuis le Tea Party et les manifs pour tous. Plutôt stimuler la subversion, faire émerger une contre-société, construire et donner à voir une tout autre réalité qui s'organise le plus souvent à l'abri des marchés, à l'abri de l'État et des institutions agonisantes. L'enjeu est immense : investir de nouveaux espaces de souveraineté, en priorité à l'échelle de l'Europe, promouvoir toutes les formes de démocratie intermédiaire qui font société, rénover la démocratie représentative et les pratiques des partis politiques, y compris au sein d'Europe Écologie-Les Verts.

Le rôle de la politique consiste alors à redonner à toutes et tous la maîtrise de notre destin individuel et d'une partie de notre destin collectif, à offrir la possibilité de réconcilier nos droits et nos revendications de salariés, nos devoirs et nos convictions de citoyens, nos besoins et nos pulsions de consommateurs. Devenir souverain, c'est lever le voile opaque du marché et des institutions publiques, mais c'est aussi faire individuellement des arbitrages difficiles. Dois-je privilégier le citoyen au travail qui veut de la stabilité et de la qualité ? Ou plutôt le même citoyen au supermarché qui veut tout, tout de suite et moins cher ? Comment réussir à restreindre le pouvoir de la finance, augmenter le pouvoir d'achat sans détériorer les conditions de travail ou compromettre les investissements d'avenir de mon entreprise ?

Il faut non seulement introduire la codécision au sein des entreprises, remettre la finance au service de la société, mais aussi recréer des espaces de souveraineté pour les consommateurs et les épargnants. Ils doivent savoir ce qui se cache derrière chaque produit de consommation, chaque produit financier. Ils doivent recouvrer « la vue », ne plus être aveuglés par le système, ignorants de ce que le consumérisme produit comme souffrance de l'autre, inégalités et agressions de l'environnement. Le système actuel rend acceptable pour les autres ce que nous n'accepterions jamais pour nous et nos proches. Il tue alors la Fraternité, ce qui fait l'esprit même d'une communauté de citoyens.

Entrer en dissidence, c'est donc assumer des responsabilités et prendre le risque d'échouer, mais c'est surtout la chance de reprendre les manettes de notre société. C'est avoir la capacité – et donc le devoir – de lutter contre les injustices et les crises écologiques. De ne pas être chahuté dans ce monde chaotique, d'avoir prise sur les événements. C'est en entrant en dissidence que nous pourrons reconquérir nos vies, repenser notre avenir et peser sur les choix qui le détermineront. En un mot, en empruntant ces chemins de traverse, nous pourrons enfin être souverains de nouveau.

*

Dans ce livre, je tente de mettre en évidence les facteurs de blocage de notre société et de notre économie. Pourquoi n'arrive-t-on pas à intégrer les enjeux écologiques dans notre modèle de développement ? Veut-on encore d'une industrie en France et en Europe ? Pourquoi les PME sont-elles sacrifiées ? La mondialisation est-elle le mal ultime de notre pays ? Sommes-nous impuissants face au défi chinois ? Le scénario noir pour l'Europe est-il engagé ? En un mot, sommes-nous condamnés au déclin et à la défaite ? La réponse est évidemment non.

Sur le climat, dans l'industrie, l'énergie ou l'agriculture, en ville et à la campagne, je cite de nombreux exemples qui démontrent qu'il existe des solutions porteuses de sens et de bien-être collectif. Leur point commun est de réinventer la démocratie là où elle est efficace, là où elle permet d'agir, là où chacune et chacun peuvent l'exercer. Elles ont aussi en commun de rompre avec le jacobinisme, le colbertisme et le nationalisme qui paralysent totalement notre pays. Démocratie environnementale, démocratie économique et sociale, démocratie locale et européenne : le projet est extraordinaire. Il est exaltant car il nous renvoie, individuellement et collectivement, à deux magnifiques principes de l'écologie : l'autonomie et la responsabilité.

1

# 1986-2009, mon engagement politique en dehors des partis

Chaque génération a son tremblement de terre, son séisme politique qui attire des rangs entiers vers la chose publique dès le plus jeune âge. Mes collaborateurs au Parlement européen sont de la « génération 21 avril », ces bizuts de la politique qui ont dépouillé les urnes au soir du premier tour du 21 avril 2002, pour découvrir le désastre en avant-première : l'élimination du candidat socialiste et l'accession au second tour du candidat d'extrême droite ! On a connu première fois plus agréable...

Moi, c'est le projet de loi Devaquet qui me fait descendre dans la rue, et connaître mon premier engagement politique au sein d'une organisation étudiante. C'est en 1986, et Jacques Chirac, Premier ministre, veut imposer la sélection des étudiants et la mise en concurrence des universités. Nous sommes des centaines de milliers d'étudiants, de lycéens et de jeunes à manifester contre ce projet, contre la droite et les méthodes féroces de son ministre de l'Intérieur, Charles Pasqua.

## Malik Oussekine, mon soldat inconnu

Hélas, la contestation de la loi Devaquet n'est pas seulement inscrite dans la mémoire collective comme une grande victoire. Elle a pris un tournant singulièrement triste et cruel avec la mort de Malik Oussekine, jeune manifestant poursuivi par un peloton voltigeur motorisé, pris au piège et battu à mort dans une entrée d'immeuble du Quartier latin. Il avait vingt-deux ans.

Il faut se remettre dans le contexte de l'époque. Nous sommes en pleine cohabitation, et la droite a pris un tournant libéral à 180 degrés. Il s'agit de « libérer les énergies » en privatisant à tout-va, en mettant en concurrence tout ce qui peut l'être, le tout accompagné d'un vieux fond nauséabond qui vise l'immigré avec cent fois moins de complexes qu'auparavant. La Marche pour l'égalité, mal nommée Marche des Beurs, a eu lieu trois ans plus tôt, mais le Front national de Jean-Marie Le Pen vient d'entrer à l'Assemblée nationale.

Je suis alors en licence d'économie à Paris-Dauphine, et je me tiens à l'écart des deux grandes organisations étudiantes de l'époque, l'UNEF-ID noyautée par le PS et l'UNEF-SE aux mains des communistes, de toute façon peu représentées dans cette fac qui se rêve en grande école. Le collectif d'opposition à la loi Devaquet que je coanime crée une nouvelle organisation étudiante, la « Déferlante ». Inspirée par une deuxième gauche qui se découvrirait aussi libertaire et festive, elle tente d'éviter les positionnements partisans simplistes et le fonctionnement hiérarchique. Pour faire vivre la démocratie étudiante, on invite autant des humoristes comme Bedos et Desproges que des « patrons de gauche » comme Schweitzer, on organise des tremplins rock et on siège en tant qu'élus dans les instances universitaires.

Lorsque l'on retrouve le corps de Malik, il porte sur lui une carte de Paris-Dauphine Sports, le club sportif de ma fac. Philippe Darriulat, patron de l'UNEF-ID, m'appelle très tôt le matin : « Malik était de chez vous, il faut organiser la manif, c'est à vous de jouer. » Dans ma chambre de bonne, je trace le parcours du défilé qui doit passer devant l'hôpital Cochin où repose son corps. Nous sommes un million dans la rue. La mort de Malik Oussekine défigure le pays et donne un caractère plus fondamental encore à notre mobilisation. Désormais, il ne s'agit plus seulement de lutter contre la réforme stupide de notre système universitaire, mais de défiler pour dire à la France qu'elle doit prendre soin de tous ses enfants, sans exception. Nous défilons en silence, persuadés de vivre un moment majeur dans la société française, qui se découvre multiculturelle mais refuse encore de l'accepter.

Baigné toute ma jeunesse par l'engagement socialiste de mes parents et les distributions de tracts, je viens néanmoins de découvrir l'urgence du politique. La nécessité de se mobiliser, et la conjonction des luttes. Si ce moment est fondateur dans ma formation intellectuelle et politique, il n'est pourtant pas le point de départ d'une carrière au sein des partis traditionnels, comme c'est le cas pour tant de mes congénères trotskistes qui se découvrent soudainement socialistes. La politique est venue à moi sans que je m'y attende. Le plus important alors pour moi est de découvrir le monde.

## Ma mondialisation heureuse

Mes parents enseignants m'ont permis d'aimer la France, je les en remercie ici. Mais en 1989, ma seule envie est de partir loin, très loin.

J'entame alors ma « mondialisation heureuse ». À l'inverse du livre d'Alain Minc[3] qui porte ce nom, il ne s'agit pas pour moi de faire l'apologie du libéralisme mondial, au contraire. Il est avant tout question de découverte de

3. Minc, Alain, *La Mondialisation heureuse*, Paris, Plon, 1997.

l'autre et de l'ailleurs. De l'Afrique de l'Ouest à l'Asie du Sud, je comprends toute la richesse – et la difficulté ! – de la diversité, de la différence, dans ce monde en plein changement où nous devons plus que cohabiter : vivre ensemble et partager. À la manière d'un Corto Maltese, ma mondialisation est d'abord une invitation au rêve ! C'est le début pour moi d'une période faste en termes de voyages, de rencontres, et de perceptions du monde.

Au premier prétexte venu, en l'occurrence le séjour de mon frère en Chine, je m'en vais. Me voilà donc place Tian'anmen, quand s'amorce le mouvement de contestation des jeunes Chinois désireux de voir leur pays s'ouvrir à la démocratie, de la même manière qu'il s'est ouvert à l'économie de marché depuis l'arrivée de Deng Xiaoping à la fin des années 1970. Je n'assisterai à la répression sanglante que devant ma télé, comme beaucoup, effondré par la violence du massacre. En revanche, ma réflexion est profondément marquée par ce passage en Chine, ce pays alors en pleine explosion, si loin et si vivant, si différent. La confrontation avec le réel m'a appris beaucoup plus que toutes mes lectures, y compris une certaine littérature tiers-mondiste qui vante encore les communes populaires.

Après un demi-siècle durant lequel les esprits ont été façonnés de manière binaire par l'affrontement Est-Ouest, j'acquiers une seule certitude : le monde est en pleine recomposition. Et l'Histoire s'accélère prodigieusement à la fin de l'année avec la chute du Mur.

## La Françafrique et ses apories

Me spécialisant à la fac sur l'économie internationale et l'économie du développement, j'écris un mémoire de troisième cycle sur les stratégies des agriculteurs africains face aux prix. Ambition légitime et arrogance des économistes à vouloir standardiser et modéliser les comportements humains ! Il est urgent d'aller à leur rencontre. L'Afrique est ma première destination pour un séjour de longue durée.

Je me rends au Burkina Faso pour ma « coopération », ce service militaire transformé en action d'aide au développement. J'y retrouve Pierre Jacquemot qui a quitté sa chaire de développement à Dauphine pour diriger la coopération française à Ouagadougou. Le révolutionnaire Thomas Sankara est mort en 1987, assassiné selon toute vraisemblance sur ordre de son second, Blaise Compaoré. C'est lui qui dirige le pays lorsque j'arrive en 1990. Il cherche à sortir en douceur de l'ambiance révolutionnaire, de sa ferveur comme de ses dérives. C'est la « rectification ». Économiquement, le pays se lance dans la négociation avec le FMI et la Banque mondiale de son premier programme d'ajustement structurel. Politiquement, il se « normalise » avec l'adoption d'une Constitution. Mais pour moi, c'est surtout la rencontre avec les Burkinabés qui est magnifique, d'autant plus facile que les deux sports nationaux sont la politique et le football !

L'ébullition politique qui domine est contagieuse. J'ai l'impression de partager avec eux les réflexions qui présideront au lancement d'un nouveau modèle. La lutte « institutionnelle » contre l'absurdité et la radicalité libérale des institutions de Bretton Woods me passionne. La coopération française y joue ses dernières cartes, entre coopération sincère et Françafrique obsolète, solidarité et paternalisme, africanisme et cynisme diplomatique. En Afrique comme ailleurs, la France n'a déjà plus les moyens de ses prétentions.

C'est pourtant au Gabon que je vois au plus près la réalité de la Françafrique. Je pars au nom du ministère de la Coopération en 1992, et reviens avec un rapport implacable sur les relations incestueuses et financières entre la Compagnie Forestière du Gabon en cours de privatisation, le géant français du bois François Pinault, son ami Chirac, le RPR, et leur bon camarade à tous, Omar Bongo. Mon rapport à peine remis, mon chef me convoque dans son bureau et exige que je lui remette toutes les copies existantes de ce rapport. « Tout cela n'existe pas », me dit-il en gros, avant de me faire comprendre que les enjeux me dépassent littéralement, et lui avec.

Je réalise combien l'État, depuis longtemps aux mains des partis politiques, est aussi compromis avec les grands groupes industriels : les ressources naturelles africaines financent nos partis politiques pendant que nos impôts financent leurs écoles. J'en ressors plus convaincu que jamais que, pour les interventions de la France dans ce qui fut son empire colonial, la priorité, avant même d'aider, est de cesser de nuire. L'écologie politique peut y contribuer en reconnaissant, pour mieux le dépasser, l'héritage dramatique du colonialisme, en sortant les esprits européens de leur occidentalo-centrisme obsolète.

## Bangladesh, l'*empowerment* sans marketing

Au Bangladesh, en 1993 et 1994, je suis cette fois confronté à l'extrême pauvreté sans que mon passeport français y soit pour grand-chose ! Le pays bénéficie d'un soutien très important de la communauté internationale. Et pour cause, le Bangladesh c'est plus de deux fois la population de la France, sur un quart de son territoire, à moitié inondé chaque année !

On est loin du Sahel, mais là aussi la vie de ses habitants dépend d'écosystèmes vulnérables et de conditions naturelles parfois dramatiques.

Rien de réjouissant. Le chaos urbain de la capitale Dacca offre à voir des bidonvilles immenses un peu partout. La survie est omniprésente. L'aide aux plus démunis est portée par des ONG puissantes qui tentent de se substituer à un État corrompu pour répondre aux besoins élémentaires des populations. Mal inspiré par Jacques Attali, le président Mitterrand a lancé un vaste programme d'endiguement des grands fleuves qui permet à des centaines de consultants occidentaux et de fonctionnaires bangladais de s'enrichir tranquillement alors que tous savent, delta oblige, qu'aucune digue ne verra jamais le jour.

Je suis chargé pour la communauté européenne du soutien aux ONG bangladaises. Elles développent notamment des programmes massifs d'épargne-crédit auprès des femmes pauvres, dont le statut en Asie du Sud est particulièrement dramatique. La rapidité de la transformation de ces femmes une fois bénéficiaires de ces projets est remarquable. De victimes elles deviennent actrices de leur destin : c'est l'*empowerment*, concept difficile à traduire mais qui signifie bien « la prise de pouvoir », la capacité à défendre ses droits, sur les marchés du travail et du crédit, face à des fonctionnaires corrompus ou à des traditions rétrogrades comme la dot. Soutien européen à une dynamique locale, économique, sociale ET politique : la solidarité internationale fait sens. Ici comme ailleurs, pas de développement sans démocratie ; pas de démocratie sans capacité des citoyens à l'exercer.

Ces années dans le Sahel et le golfe du Bengale me font toucher du doigt la relation intime et fragile que les sociétés entretiennent avec leur environnement, combien le modèle de développement peut s'y révéler harmonieux ou destructeur selon le chemin qui est choisi, combien ces choix doivent être pensés et mis en œuvre par les populations locales.

Un livre toujours va m'accompagner, *Les Racines du ciel* de Romain Gary[4]. Avant Gorz et tous les autres, il est mon initiation à l'écologie. Gary y démontre combien le combat pour la protection de la nature, ici la lutte contre l'extermination des éléphants, est un combat pour la dignité humaine : « Ils ne pouvaient donc imaginer à quel point la défense d'une marge humaine assez grande et généreuse pour contenir même les géants pachydermes pouvait être la seule cause digne d'une civilisation. »

## Sortir le monde du tiers

En Afrique et en Asie, j'ai eu la possibilité de découvrir ce que mon continent a baptisé le tiers-monde. Désormais, je n'ai qu'une seule idée en tête : les sortir du « tiers » et permettre à

4. Publié en 1956 aux éditions Gallimard.

ces gens d'être dans le « monde », tout simplement. Pour cela, il me semble nécessaire de sortir de la seule intervention de coopération ou d'aide humanitaire, même si elles sont parfois indispensables. Il me faut entrer dans le combat politique. Non dans un parti politique, puisqu'ils sont strictement nationaux et n'ont de ce fait qu'une conscience limitée et une influence marginale sur le jeu international, mais dans le rapport de force qui plombe sans arrêt les pays « tiers » en termes de régulation commerciale, sociale ou environnementale.

J'intègre en 1995 l'ONG Solagral, sorte de think tank que dirige Laurence Tubiana et qui travaille sur les enjeux globaux, en particulier ceux de l'alimentation et de l'environnement. Son mandat : comprendre et expliquer ces enjeux, renforcer les capacités des acteurs à défendre leurs intérêts, en particulier les organisations paysannes, les ONG et les gouvernements des pays du Sud qui découvrent une nouvelle violence politique et économique, celle de la mondialisation libérale. C'est un moment clé : l'accord de Marrakech signé en 1994 crée l'Organisation Mondiale du Commerce et fait de la planète un vaste terrain de jeu commercial livré à l'appétit des grandes entreprises. La géopolitique de la guerre froide laisse la place à une négociation commerciale protéiforme qui touche désormais tous les secteurs de la société (services, santé, propriété intellectuelle, investissements...) et s'impose, grâce à la force de son tribunal, aux droits sociaux ou environnementaux. La contestation devient mondiale dans la seconde moitié des années 1990, et Solagral est au cœur des réflexions et des mobilisations.

Je participe ainsi à chaque contre-sommet de l'OMC et aux forums sociaux mondiaux qui, entre Seattle, Porto Alegre ou Doha, vont rythmer la vie politique d'une société civile rassemblée autour d'un même slogan : « Un autre monde est possible. » La victoire en 1998 contre l'Accord Multilatéral sur l'Investissement, conçu par les membres de l'OCDE au profit des firmes, marque le lancement d'un nouveau contre-pouvoir, une force citoyenne mondialisée qui s'appuie sur les nouveaux outils de communication Internet. Elle sera suivie d'une autre victoire à Seattle avec l'échec de la conférence de l'OMC censée acter la marchandisation du monde. Le premier forum social mondial voit le jour dans la foulée à Porto Alegre et s'impose comme l'alternative au forum de Davos, les forces citoyennes contre les puissances de l'argent. L'enthousiasme et un sens profond de responsabilité animent les militants que nous sommes.

Pour qu'un autre monde soit possible, il faut commencer par poser les bonnes questions. En 1999 à Seattle, toute la planète découvre José Bové, ce paysan français arborant moustache, pipe et roquefort avec fierté. Face aux caméras qui couvrent le sommet de l'OMC perturbé par les altermondialistes, il explique avec force que le destin du monde et de nos conditions de vie ne peuvent se décider dans un salon, entre quelques dirigeants nationaux jaloux de leur souveraineté mais prêts à l'abdiquer aux seules forces des marchés. Tout est dit : qu'est-ce qu'on produit ? Comment ? Pour qui ?

## Alters *versus* démocratie à bout de souffle

Ces questions sont au cœur de la campagne présidentielle de Noël Mamère en 2002. À ma modeste échelle, c'est aussi la première fois que je me joins à la politique nationale. Encarté chez les Verts depuis les Européennes de 1999 et la campagne de Dany Cohn-Bendit (déjà !), je contribue sur les questions internationales et tente de renforcer le lien avec les mouvements altermondialistes. Dans l'avion qui nous ramène de la conférence de l'OMC à Doha, je convaincs José Bové, porte-parole de la Confédération paysanne rencontré quelques années auparavant au Brésil aux côtés du Mouvement des Sans Terre, et son complice François Dufour, vice-président d'ATTAC, d'apporter leur soutien à Noël. Ce sera chose faite en nous retrouvant tous pour le deuxième forum social de Porto Alegre.

Cet apport de José, le mouvementiste, à la campagne de Noël, le politique, symbolise parfaitement le changement qui est à l'œuvre : une démocratie à bout de souffle se trouve désormais interpellée par la société civile sur les grands défis planétaires, et notamment la question des biens publics mondiaux. La clé du score de Noël, qui reste le meilleur des écolos français lors d'une présidentielle, se trouve aussi dans cette passerelle entre mouvement et parti politique.

## Greenpeace, radicalité de l'action et réformisme des propositions

Quand Bruno Rebelle, qui dirige alors le bureau français, me propose de rejoindre Greenpeace pour en piloter les campagnes, je connais déjà l'organisation, très présente dans les collectifs qui mènent campagne contre les OGM et dans les négociations internationales qui définissent le droit. Je sais la qualité des expertises de l'ONG, la contribution majeure à la plupart des grandes conventions environnementales. Mais ce sont évidemment des images qui me viennent d'abord à l'esprit : cette affiche de baleine dans ma chambre d'enfant; les Zodiac qui tentent d'empêcher l'immersion en pleine mer de fûts toxiques ou radioactifs; l'attentat commis par l'État français contre le

*Rainbow Warrior*; l'engagement physique et la conviction des militants face à l'inacceptable, la confrontation pacifique avec les pollueurs, l'interpellation de chacun d'entre nous. Bref, un mythe ! Et je ne vais pas être déçu.

Dès mon arrivée, sans avoir encore de bureau, je me retrouve accroché à l'ancre d'un navire que vient d'aborder l'équipage du *Rainbow Warrior II* au large de Sète. Ce navire veut débarquer du bois du Libéria dont l'exploitation détruit la forêt et finance la guerre civile en Sierra Leone. Sous la pression de Greenpeace, Chirac change la position de la France au Conseil de sécurité de l'ONU et valide enfin l'embargo sur ce bois de guerre. Plus tard, accompagné d'une flottille citoyenne en rade de Brest, je pénètre en Zodiac dans la base de sous-marins nucléaires de l'île Longue pour dénoncer l'illégalité du programme d'armement nucléaire français au regard du Traité de non-prolifération. Adrénaline garantie.

Les expériences sont nombreuses pendant ces sept ans. Je retiens l'alliance avec la CGT pour protéger la santé au travail et l'environnement dans la réforme de la chimie européenne. De même la campagne menée contre l'exportation de l'épave amiantée du *Clemenceau* vers l'Inde et ses chantiers de démantèlement où les ouvriers sont exposés sans protection aux pires saloperies toxiques. La mobilisation est mondiale : elle réunit les collectifs antiamiante (Ban

Asbestos, Andeva, Jussieu), la FIDH, des syndicats, en France comme en Inde. Je pilote la campagne pour Greenpeace. Tous nous dénonçons l'indignité de l'État français prêt à sacrifier la vie d'ouvriers indiens pour se débarrasser d'un déchet toxique. Tous nous subissons les pressions du ministère de la Défense et les mensonges grossiers répétés à l'envi par sa ministre, la très raide Michèle Alliot-Marie. Les actions de Greenpeace en France, à l'entrée du canal de Suez et en Inde, les recours juridiques et la mobilisation citoyenne contraignent finalement Chirac à stopper cette course folle et à faire revenir le *Clemenceau*.

C'est la coalition des compétences, des champs d'intervention, des moyens et la mobilisation citoyenne internationale qui aura eu raison de l'entêtement de l'État français. Une leçon de plus à retenir !

## 2007 : l'environnement bouscule la politique

Quand arrive la campagne présidentielle de 2007, pas question que l'environnement passe une nouvelle fois à la trappe. À l'initiative de Daniel Richard, alors président du WWF, l'Alliance pour la planète et ses 80 associations-membres est née. Daniel et moi en assurons le porte-parolat. Nos propositions sont là. Nous notons avec sévérité les programmes des candidats.

Porteur d'un des plus mauvais projets, Nicolas Sarkozy reprend notre proposition de Grenelle de l'Environnement.

Les quatre mois de négociation sont intenses. Le mouvement environnemental fait la démonstration de la crédibilité de ses propositions, et de nouvelles passerelles sont créées avec les syndicats, les collectivités et les PME. Si les décisions actées en octobre 2007 ouvrent d'intéressantes perspectives, tout le monde connaît la suite. La majorité UMP, les lobbies et la technocratie administrative feront du petit bois de cette tentative de démocratie environnementale.

Il est temps de booster l'écologie politique, en passant par l'Europe. Au printemps 2008, Jean-Paul Besset et Pascal Durand me proposent de tenter l'aventure Europe Écologie avec Dany Cohn-Bendit. Tout est à faire mais la réponse est immédiate : OUI ! Six ans plus tard, c'est toujours nourri de mes expériences en Afrique et en Asie que je poursuis le combat au Parlement européen. La crise a eu beau doucher l'enthousiasme de certains, l'heure a beau être au repli national, j'en reste intimement convaincu : c'est là que ça se passe, pour aujourd'hui et pour demain.

# 2

# Qui veut d'une transition écologique en France ?

## Changer de modèle de développement : un impératif contesté

Si l'on en croit le vieux critère du Produit Intérieur Brut, notre pays n'a jamais été aussi riche qu'aujourd'hui. Malgré la croissance en berne et le chômage massif, notre richesse a doublé depuis 1974 et la fin des fameuses trente glorieuses d'après guerre. Les Français sont-ils plus heureux qu'il y a dix, vingt, voire quarante ans ? Difficile de s'en persuader. L'accumulation matérielle ne compense pas la hausse des inégalités entre les ménages, entre les générations et entre les territoires. Elle ne compense pas le triomphe de la compétition sur la coopération, de la frustration sur l'épanouissement, la cohabitation insupportable entre le gaspillage et le dénuement. Sous la pression productiviste du « toujours plus », notre consommation de ressources naturelles dépasse dorénavant de 40 %

la capacité de notre planète à se régénérer. Après nous avoir libérés du poids des traditions, l'individualisme laisse place à un égoïsme qui nous isole les uns des autres. La frénésie de consommation – nouvelle injonction patriotique – ne corrige pas le délitement du lien social.

C'est que notre conception du progrès n'a pas évolué depuis deux siècles. En misant sur la science et le progrès technique, le positivisme du début du XIXe siècle poursuit l'œuvre utile de la Renaissance et de la Révolution : nous sortir des croyances théologiques. Il fonde largement l'esprit de la révolution industrielle. Le progrès humain passe de plus en plus par la technologie et l'économie. De la même façon qu'on va gérer scientifiquement la production, on entend gérer scientifiquement la société et ses contradictions. Et progrès incontestablement il y aura : les nouvelles techniques vont améliorer les conditions de travail, modifier son organisation, accroître sa productivité et produire de la valeur ajoutée. Les modalités de répartition de cette nouvelle richesse deviennent le centre du débat politique, en particulier l'accès du grand nombre – et des plus fragiles – à un certain niveau de consommation, donc de santé et confort.

Deux cents ans plus tard, les fondements du logiciel économique et politique s'appuient toujours sur le même paradigme : scientisme, productivisme et consumérisme. Le problème est qu'il est devenu lui-même croyance théologique. Le progrès économique se confond avec la croissance du PIB, le progrès technologique avec le déploiement de l'innovation. Dès lors, malgré l'explosion des inégalités, du chômage, de la précarité et des maladies psycho-sociales, on se refuse à questionner la recherche permanente de gains de productivité sur le travail. Malgré le massacre de l'environnement, on peine à repenser nos modes de production et de consommation, notre soif de pouvoir sur toutes les autres formes de vie, ou encore notre foi dans les technologies salvatrices. Malgré la perte de sens de nos sociétés, on ne réinterroge pas le sens du progrès individuel et collectif.

## Foutu principe de précaution

Questionné sur l'exploitation des gaz de schiste, le patron de Total, Christophe de Margerie, lui, n'hésite pas, parle de « foutu principe de précaution » et conteste « cette insupportable prétention » de la société à décider des choix technologiques et des risques qu'elle est prête à prendre. Pire, à faire ces choix au regard de critères qui ne sont pas les seuls profits d'une des entreprises les moins éthiques de la place de Paris !

À l'arrivée, on continue à privilégier le « comment » sur le « pourquoi ». La quête de croissance nous fait oublier celle de l'émancipation, de la qualité de vie, du bonheur partagé. Le PIB a beau être l'un des indicateurs de richesse les plus tordus, puisqu'il comptabilise positivement les catastrophes, les pollutions ou les maladies, nos dirigeants n'en veulent pas d'autres. Même la commission mise en place en 2008 par Sarkozy, qui associait pas moins de cinq prix Nobel dont Amartya Sen et Joseph Stiglitz, n'a pas vu traduites en actes ses conclusions pour intégrer des indicateurs plus qualitatifs de bien-être social, d'empreinte écologique, d'éducation ou de santé.

La France est riche mais la France a mal. Elle doute de son futur, elle entrevoit son déclin. Elle se targue d'une démographie dynamique mais a peur de ses jeunes, surtout s'ils n'ont pas une tête de Gaulois. La confrontation politique sur le compromis social se restreint de plus en plus aux « inclus », à ceux qui ont un statut. Elle laisse de côté celles et ceux qui, de plus en plus nombreux, vivent dans une précarité protéiforme – logement, travail, énergie, savoir – et pour lesquels le débat sur la durée de cotisation au régime de retraite, aussi légitime soit-il, est totalement virtuel.

L'enquête d'IPSOS sur « Les nouvelles crispations des Français[5] » révélait dès la fin 2012 une

5. *Le Monde*, 24 janvier 2013.

propension, bien plus que marginale désormais parmi nombre d'entre nous, à rejeter les élites, les immigrés, l'État et les politiques européennes. L'opulence de la France n'est plus qu'une vitrine pour bon nombre de nos concitoyens, qui éprouvent la sensation d'être abandonnés par les décideurs politiques et économiques : « Ils ne vivent pas comme nous », « Ils ne savent pas comment nous vivons ». Le PIB ne compense plus la perte de souveraineté sur notre destin individuel et collectif.

## Le fétichisme de la croissance

Pour redonner du sens à notre aventure commune, les responsables politiques convoquent le passé. Ils ne savent pas faire autre chose que promettre le retour de la croissance forte. Ils rêvent d'une augmentation annuelle de 3 %, pensent qu'avec 1 % ils échapperont au chaos électoral. Voilà leur unique solution. Comme dit François Hollande : sans croissance, rien ne tient. Et Nicolas Sarkozy avant lui de se vanter d'aller chercher la croissance « avec les dents ». Plutôt que de réfléchir à la façon de créer de l'emploi, de mieux répartir les richesses existantes, d'investir et se désendetter sans croissance forte ou sans croissance du tout, on continue comme avant. « L'inversion de la courbe du chômage est toute proche ! » En l'attendant, il faut consommer, s'endetter, travailler plus. Sauf que la lumière que beaucoup des dirigeants politiques et économiques aperçoivent n'est pas la sortie du tunnel, mais le phare de la locomotive qui va nous fracasser.

Les écologistes, politiques ou associatifs, tentent d'être des « éclaireurs » du changement de modèle. En mettant au cœur de leur réflexion les limites de la planète, la finitude de ses ressources – de l'énergie aux stocks de poissons en passant par les terres arables –, ils ont été amenés à questionner sans relâche le rôle hégémonique de la croissance du PIB dans nos sociétés, à penser la prospérité autrement que par l'accumulation matérielle. Ils appréhendent la radicalité de la transformation nécessaire car ils sont les témoins engagés des impacts environnementaux et sociaux du modèle actuel. À l'image de la pollution de l'eau ou de l'air, de la disparition des forêts primaires et des phénomènes météo extrêmes, du bétonnage de nos territoires et de nos côtes. À l'image aussi de ces catastrophes industrielles et écologiques qui jalonnent l'histoire moderne, de Bhopal à l'*Erika*, de Tchernobyl à Fukushima : ce n'est jamais « la faute à pas de chance », c'est toujours la conséquence d'un système productiviste arrogant qui méprise les faibles et la nature.

Pour la génération qui vient, l'enjeu est de poser les bases d'un nouveau contrat social.

C'est d'entamer la construction, pas à pas, d'une nouvelle prospérité qui ne se réduit pas à l'empilement d'*Homo economicus*, mais qui place le non-marchand et les solidarités en son cœur. La France a-t-elle les outils démocratiques appropriés pour cela ? Possède-t-elle les espaces politiques nécessaires à la discussion environnementale, à l'opposition des intérêts contradictoires, à la gestion des conflits ? Dispose-t-elle d'un mode de gouvernement à même de produire du changement concret, sur le terrain ? Comment établir ensemble un diagnostic de la situation, le partager et décider de manière concertée la direction à prendre pour que notre pays retrouve une prospérité partagée, qui profite à toutes et tous ? Comment nous rassembler autour d'un projet de société où le bien-être des femmes et des hommes et la protection de la planète sont au centre de notre philosophie politique sans pour autant retomber dans les travers du passé productiviste que certains voudraient voir ressurgir ? Enfin, préalable indispensable, comment se libérer du poids des lobbies et de leur influence écrasante sur les institutions vieillissantes de notre pays ?

Le délitement du Grenelle de l'Environnement, il y a cinq ans, comme l'absence de résonance qu'a connue le Débat national sur la transition énergétique l'an dernier sont révélateurs de nos difficultés à nous transformer. Ils doivent conduire à repenser notre entrée dans la transition écologique.

## L'Alliance pour la planète, ou le passage à l'écologie des solutions

Souvenons-nous des années 2000. La protection de l'environnement n'est plus seulement un sujet de préoccupation majeur des citoyens, alimentée par les alertes scientifiques et la brutalité des premières conséquences du dérèglement climatique. Sous la poussée des associations écologistes et de la société, la présidentielle de 2007 acte l'environnement comme thème politique à part entière, indissociable de l'avenir de l'humanité. C'est le grand rattrapage de la classe politique – et des médias qui l'accompagnent – sur le monde réel. Elle ouvre un nouveau cycle pour l'écologie : celui des solutions.

Quand arrive cette campagne, les associations de protection de l'environnement sont prêtes. Pas question que l'écologie soit une nouvelle fois la grande oubliée du débat politique national. Il est temps de sortir la France de l'ornière écologique pour l'engager sur la voie de l'excellence environnementale. Lancée en 2005, l'Alliance pour la planète réunit 80 associations parmi lesquelles les grandes organisations internationales comme le WWF, les Amis de la Terre et Greenpeace, mais aussi les collectifs d'associations thématiques, les réseaux d'experts et les associations locales. Elle est force de propositions, interpelle les candidats à la présidentielle, évalue et donne une note à leurs programmes.

Furieux de sa mauvaise note alors qu'il croyait avoir fait l'essentiel en signant le Pacte écologique de Nicolas Hulot, le candidat Sarkozy reprend notre proposition de Grenelle de l'Environnement. Nous ne sommes pas dupes : c'est parce que son programme écologique est indigne qu'il reprend la proposition du grand débat post-électoral. L'idée est simple : s'inspirant du Grenelle de 1968, il s'agit de sortir de la crise par la négociation d'un nouveau contrat, écologique cette fois, associant tous les acteurs de la société.

Peu importe le cynisme ou les calculs électoraux d'un Sarkozy alors tout-puissant. Il a senti le changement de la société, tente de se l'approprier mais ne devient pas écologiste pour autant. Le Nicolas Sarkozy de 2007 n'est pas différent de celui de 2010 déclarant « l'environnement, ça commence à bien faire ». Le Nicolas Sarkozy qui compare la création d'une taxe carbone à l'abolition de l'esclavage est le même qui la jette en pâture à sa majorité après l'échec du Sommet de Copenhague et quelques déroutes électorales. Mais, en mai 2007, nous n'en sommes pas encore là !

## Le Grenelle, embryon de démocratie environnementale

Pas simple de se retrouver à l'Élysée, quelques jours après l'entrée en fonction de ce nouveau président qu'avec Greenpeace nous avions interpellé, pendant la campagne, sur le nucléaire et en déversant quelques tonnes de maïs transgénique devant son siège de campagne ! Sarkozy fanfaronne, affiche son mépris pour son ministre de l'Écologie Alain Juppé, mais tient l'engagement du Grenelle. Pour nous, de toute façon, le moment est crucial : l'urgence climatique et la sauvegarde de la biodiversité ne peuvent attendre l'alternance. Et quelle alternance ? La France est en retard, et les gouvernements de droite comme de gauche en partagent la responsabilité.

Pendant d'intenses semaines, après que Jean-Louis Borloo a remplacé Juppé, les collectivités territoriales, les entreprises, les syndicats, l'État et les associations discutent, confrontent leurs analyses et leurs propositions. Jusqu'à la négociation finale, les associations mettent la pression maximale et contraignent le gouvernement à sortir du simple exercice de communication. La société passe du constat de la crise écologique au débat sur les solutions, la « France d'en haut » passe du déni, voire du mépris, à la concertation. Quitte à générer opportunismes politique et économique : plus question d'être ouvertement antiécolo, on est « juste » anti-éolien parce que c'est moche, pronucléaire pour protéger le climat, pro-OGM pour lutter contre la faim dans le monde, libéral pour favoriser la globalisation des technologies vertes... Le vieux procès « du retour à la bougie » a disparu et, depuis Chirac et son fameux « La maison brûle et nous regardons ailleurs[6] », les discours d'autoaccusation sont légion.

Les décisions issues de la grande table ronde finale d'octobre 2007 comportent de vraies avancées, sur les OGM – les Français n'en veulent pas – et sur les économies d'énergie, seul sujet vraiment consensuel. Parce que le consensus est la règle, aucune autre rupture n'est actée. C'est la plus grande faiblesse de ce processus qui oblige à n'avoir que des gagnants. En plus de la transposition obligatoire des directives européennes, des dispositifs de soutien sont prévus pour l'agriculture biologique, la rénovation des logements, le tri sélectif des déchets, l'entretien des réseaux ferroviaires de proximité, la réduction des pollutions chimiques ou la protection de la biodiversité terrestre et marine. C'est utile. Mais rien ne vient remettre en cause les logiques à l'origine

6. Déclaration devant l'Assemblée plénière du développement durable, Johannesburg, Afrique du Sud, 2 septembre 2002.

de la crise écologique, depuis l'agriculture intensive jusqu'à la construction de l'EPR[7] de Flamanville. Le verdissement de la fiscalité, lui, est renvoyé à un futur groupe de travail.

## Clap de fin : les lobbies se paient le Grenelle

Alors, quel bilan ? L'écologie des solutions devient centrale. Elle gagne en légitimité ce qu'elle perd en consensus. Comme négociateur, je constate l'incroyable richesse du mouvement environnemental qui a démontré la crédibilité de ses propositions. Des acteurs qui se fréquentaient peu ont pu se jauger, appréhender leurs logiques propres et parfois laisser tomber les postures. En particulier, le rapprochement entre syndicats et associations environnementales entamé depuis plusieurs années permet de progresser vers un nouveau paradigme qui cesse de cloisonner social et environnemental. Il en est de même des organisations d'artisans et les PME si mal représentées par le Medef. Il est devenu plus évident que les solutions écologiques peuvent être riches socialement et économiquement.

7. European Pressurized Reactor : réacteur nucléaire à eau pressurisée, dit de troisième génération, conçu par Areva au début des années 1990.

Et puis le Grenelle est une rupture dans l'imaginaire collectif. Les impacts environnementaux de chaque projet, de chaque politique, dans n'importe quelle commune, à n'importe quelle échelle, ne peuvent plus être ignorés. Ce n'est pas encore une victoire, mais c'est un pied dans la porte des institutions, publiques et privées, que beaucoup d'acteurs sociaux et économiques vont pouvoir utiliser.

Hélas, cet embryon de démocratie renouvelée est haché menu par la machine politico-administrative. Après avoir soutenu son ministre Borloo à bout de bras contre les coups de boutoir de sa majorité UMP, Sarkozy abandonnera dès 2010 toute ambition écologique. La FNSEA, le Medef, Areva, EDF, Total, Veolia, Bouygues et bien d'autres retrouvent toute la place qu'ils avaient dû partager quelques mois avec d'autres forces de la société. Les lois Grenelle chargées de mettre en œuvre les décisions de 2007 sont comme les derniers rayons d'un astre déjà éteint. La gouvernance à cinq, reprenant toutes les parties prenantes du Grenelle (État, collectivités territoriales, entreprises, syndicats et associations) et censée encadrer toute grande politique, tout projet d'infrastructure, est enterrée. Finalement, le Grenelle inspire peu la présidence Sarkozy : des eaux toujours polluées par les nitrates, des algues vertes qui s'accumulent, l'abandon de toute fiscalité écologique, la planification de 1 000 kilomètres de nouvelles autoroutes, le recul du fret ferroviaire, le moratoire sur le photovoltaïque, des permis d'exploitation de gaz de schiste... Triste bilan.

Une anecdote résume ce quinquennat. Début juillet 2008, la France vient de prendre pour six mois la présidence de l'Union européenne. Jean-Louis Borloo réunit à Saint-Cloud un Conseil européen informel des ministres de l'Énergie. Il entend faire vivre encore un peu la dynamique du Grenelle et ses objectifs ambitieux en matière d'efficacité énergétique et de renouvelables. J'y suis invité avec d'autres représentants associatifs. Coup de théâtre : Nicolas Sarkozy doit se rendre la veille au Creusot, avec Anne Lauvergeon, patronne d'Areva, et la rumeur dit qu'il annoncerait la construction d'un deuxième EPR. Surprise d'EDF, déjà bien encombrée par les difficultés du projet EPR de Flamanville, qui affirme publiquement n'avoir aucun besoin de ce type. Démenti du ministre en personne au téléphone : « Ne vous inquiétez pas, il n'y a pas de décision gouvernementale en ce sens. » Le 3 juillet, Sarkozy promet pourtant aux ouvriers un nouveau chantier EPR. À Saint-Cloud, c'est la gifle. Le représentant d'EDF me dit n'y rien comprendre, quand le patron de la toute-puissante Direction générale de l'énergie me glisse : « Je ne devrais pas vous le dire, mais vingt-quatre heures après l'annonce du Président, nous ne savons toujours pas ce qu'il a promis ! » Pour les

Européens amusés et les écologistes dépités, la France reste décidément une exception, tant nucléaire que démocratique !

## L'écologie, déjà *has been* ?

Le répit du Grenelle est donc de courte durée. Prenant prétexte de la crise, le développement devient renoncement durable.

Ce retournement intervient à revers de l'Histoire et de l'urgence des actes à poser. La protection de l'environnement n'est plus seulement une grande cause nationale contre une catastrophe extérieure. Parce qu'elle oblige à repenser notre modèle de développement, elle bouscule les intérêts et les rentes industriels, les conservatismes économiques et sociaux, les corporatismes. L'environnement a besoin d'arbitrages, de compromis, pas seulement de consensus. Protéger l'environnement, c'est choisir !

Prétendre que toutes les solutions sont bonnes, nécessaires et compatibles, qu'on peut tout faire, c'est mentir, c'est flouer les citoyens. C'est en fait défendre le *statu quo*. Entre la réduction massive des pesticides et l'agriculture industrielle qui en abuse, il faut choisir. Entre des eaux de qualité et les monocultures intensives qui entraînent la pollution et l'épuisement des nappes phréatiques et des rivières, il faut choisir. Entre de nouvelles autoroutes et les transports collectifs, entre l'EPR d'un côté, les économies d'énergie et les énergies renouvelables de l'autre, entre de nouveaux incinérateurs et le tri sélectif, entre un aéroport de plus à Notre-Dame-des-Landes et la protection des terres agricoles et d'un écosystème unique, il faut choisir. Choisir, c'est revendiquer le débat contradictoire. Choisir, c'est accepter le conflit, c'est reconnaître qu'il est indissociable du changement, qu'il est une condition du progrès.

On ne transforme pas une société uniquement avec du gagnant-gagnant. Toute baisse de la consommation d'énergie dans nos maisons est bonne pour le pouvoir d'achat des ménages comme pour l'activité des artisans qui les isolent, mais elle réduit d'autant le chiffre d'affaires d'EDF, de GDF-Suez et d'Areva. Tout litre de carburant économisé vient en plus dans le portefeuille des automobilistes, en moins dans les bénéfices de Total...

Mais à mesure que les dégâts de la crise détruisent la cohésion sociale, l'heure des choix est repoussée aux calendes grecques. Oublié, le changement massif ! Le développement durable redevient ce fantasme de « bobo » que l'on réalisera une fois la croissance revenue, si jamais elle revient... Au niveau européen, le futur est systématiquement sacrifié au profit de l'ancien en matière de recherche, d'investissement, de transition énergétique. Les chantages à l'emploi des grands lobbies économiques pèsent plus lourd que les secteurs émergents de l'économie verte, les PME et les perspectives de création d'emplois, l'urgence d'organiser l'après-pétrole et d'éviter un nouveau Fukushima. Le chiffre d'affaires des producteurs d'énergie est finalement préféré au pouvoir d'achat des ménages. Malgré leurs campagnes de pub « responsables », les représentants des énergies fossiles que je rencontre à Bruxelles combattent tous, sans exception, les mesures visant à sortir d'une ébriété énergétique qui leur rapporte tant.

Faut-il désespérer ? Non. Nous vivons un changement de monde évident. La raréfaction des ressources, le dérèglement climatique ou la destruction de la biodiversité ne sont pas des contraintes passagères. Ils déterminent notre présent et notre futur. Surtout, la disparition de l'environnement de la scène médiatique et la montée en puissance d'un néoconservatisme économique et politique n'empêchent pas un inéluctable mouvement de fond. Partout dans le monde, des individus, des collectivités, des entreprises et parfois des États se projettent dans la transformation écologique de la société, créent des milliers de PME et des millions d'emplois, améliorent le bien-être des habitants, revitalisent les territoires, donnent sens au progrès et à la prospérité partagée, dessinent un avenir bienveillant. Les Françaises et les Français peuvent encore choisir !

*Qui veut d'une transition écologique en France ?*

L'écologie a longtemps été une petite maison, ses habitants y sont entrés par la protection de la nature, le combat antinucléaire et pacifiste, le féminisme, la culture libertaire. Mais l'entrée économique s'agrandit tous les jours, à l'image du marché mondial des énergies renouvelables qui dépasse désormais les 250 milliards de dollars chaque année[8]. Il en va de même pour l'entrée sociale : l'Europe gaspille 20 % de son énergie, ce qui lui coûte tous les ans 100 milliards d'euros d'importation[9] et pèse 1 000 euros sur la facture de chaque ménage. Un poids encore plus étouffant pour les familles précaires. Il y a deux millions d'emplois non délocalisables qui se cachent derrière la lutte contre ce gaspillage énergétique. Si l'écologie a longtemps été une petite maison, c'est aujourd'hui notre nouvelle frontière.

8. *Source* : Syndicat des Énergies Renouvelables, septembre 2013.

9. L'UE a importé 406 milliards d'euros de pétrole et de gaz en 2012, soit 3,2 % de son PIB (*source* : Syndicat des Énergies Renouvelables, septembre 2013).

## 3

## Les rentiers de l'État jacobin ne veulent pas perdre la main

Aspiré par la crise, bousculé par la mondialisation, l'État tente de garder la tête hors de l'eau. Ce sont pourtant ses dirigeants qui abandonnent depuis des décennies des pans entiers de souveraineté aux marchés. Par peur d'être électoralement rejetés, ils refusent de dire la vérité aux citoyens.

La faute politique de Lionel Jospin qui, devant les salariés de Michelin à Vilvorde, avouait que « l'État ne peut pas tout » n'était pas d'acter la difficulté de l'État dans la circonstance. Elle était de ne pas dire ce que l'État pouvait encore faire et de laisser penser qu'hors l'État rien n'était possible. Il devenait ainsi le porte-parole de l'impuissance et de la fatalité. Ce faisant, il enterrait la première gauche sans tirer les leçons de l'échec de la seconde : pourquoi la construction d'une démocratie plus participative, plus équilibrée entre les citoyens, les organisations sociales, les entreprises, l'État et les institutions avait-elle échoué ? Prenant l'exact contre-pied de Jospin, Sarkozy traduisait le volontarisme qui lui avait assuré la victoire en 2007 en toute-puissance de l'État, en fait en toute-puissance de lui-même. Cette stratégie est certes plus dangereuse parce qu'elle repose sur un déni de réalité – le bilan en est d'ailleurs logiquement dramatique –, mais elle révèle la même incapacité à redéfinir la place de l'État autrement que par le nombre de fonctionnaires ou le poids dans le PIB des prélèvements obligatoires !

La parodie du pouvoir y est pour beaucoup. Mais comment pourrait-il en être autrement ? L'État est devenu une rente pour certains. Il existe entre lui et les grandes firmes une perméabilité devenue extrêmement malsaine. Tout ce petit monde se connaît très bien. Ils ont fait les mêmes écoles, viennent des mêmes corps d'État, ceux des Mines, des Ponts et Chaussées ou de l'Inspection des Finances. Ils s'échangent leurs postes : un jour dans l'Administration comme donneur d'ordres et régulateur, le lendemain à la tête de l'opérateur, public ou privé, le surlendemain dans les instances de contrôle « évidemment » indépendantes ! En France, si le gouvernement agit si peu pour l'encadrement du secteur bancaire, c'est aussi que les conseillers de Bercy et de la direction du Trésor savent qu'ils pourraient un jour ou l'autre intégrer une banque. Mieux vaut ne pas insulter l'avenir puisque c'est le leur. Les entreprises raffolent de ces énarques passés par les cabinets ministériels. Ils sont une clé d'entrée, par la grande porte, dans l'appareil d'État.

L'élite de la République, bénéficiant de tous les privilèges de la formation, devait être l'incarnation de l'impartialité et du sens de l'État, lui-même garant de l'intérêt général. Sa consanguinité et ses complaisances en font aujourd'hui une caste obsédée par sa reproduction et son accession à tous les lieux de pouvoirs, politiques, économiques, culturels. Une nouvelle aristocratie, celle des corps d'État, a remplacé une aristocratie de sang. « Nous méritons tout » s'est substitué à « Tout nous est dû ». Il faut voir dans ce terrible détournement rentier de la méritocratie républicaine une des causes premières de la paralysie de la société française.

Qu'on me comprenne bien, je ne crie pas au grand complot. Pour connaître de nombreux fonctionnaires dévoués au service public, je sais que les temps sont durs. Mais je constate l'incroyable force d'inertie d'un système fondé sur la ressemblance sociale et culturelle de ses membres, formatés par les mêmes écoles et intégrant les mêmes corps d'État, soudés par des réseaux d'amitiés, de complaisances et d'échanges de bons procédés. Il est urgent de modifier en profondeur le mode de recrutement des hauts fonctionnaires et de reconstituer une élite républicaine.

En se plaçant au cœur de l'économie, l'État a voulu jouer tous les rôles, jusqu'à perdre de vue sa mission première de garant du meilleur compromis social. En cogérant l'agriculture avec la FNSEA, il a favorisé sa dérive industrielle et financière au détriment de sa fonction nourricière et territoriale. En cogérant le monde des entreprises avec le Medef, il a privilégié les grandes entreprises au détriment des petites. En cogérant le secteur énergétique avec Areva, EDF et la CGT, il a enfermé la France dans le piège nucléaire. Ce colbertisme n'est pas étranger à la crise économique que nous traversons, ni au retard français en matière d'économies d'énergies et de renouvelables. Il explique aussi la rapidité de la désindustrialisation de la France. Eh non, le libéralisme n'explique pas tout ! L'État a sa part de responsabilité. Elle est particulièrement lourde pour l'agriculture et le nucléaire.

## En attendant la démocratie agricole et la souveraineté alimentaire

L'actualité confirme chaque jour l'évidence : l'agriculture de demain ne doit pas ressembler à celle d'hier, ni à celle d'aujourd'hui. Car le diagnostic est lourd. Nos sols et nos rivières sont malades de mauvaises pratiques agricoles. Les risques sanitaires augmentent pour les agriculteurs et les consommateurs. Les paysans disparaissent et les campagnes se désertifient. Le renouvellement des générations progresse, mais on est encore loin du compte : en 2015, plus de la moitié des agriculteurs français auront plus de cinquante ans et, aujourd'hui, seuls 40 % des agriculteurs qui partent à la retraite sont remplacés.

Par ailleurs, les revenus des agriculteurs connaissent des disparités considérables : quand, en 2012, en moyenne, un céréalier d'Ile-de-France gagne 100, un éleveur de porc breton gagne 50 et un producteur de lait des Pays de la Loire 25. Et pourtant les céréaliers accaparent 38 % des 8,7 milliards d'aide de la PAC[10]. Injuste et décourageant. Pire, 4 paysans sur 5 à la retraite vivent sous le seuil de pauvreté.

Les grandes plaines céréalières, la culture intensive du maïs, l'élevage hors sol bovin, porcin et aviaire, le détournement des terres de l'alimentaire vers les agrocarburants tentent jour après jour d'adapter les milieux naturels à une agriculture mondialisée hors sol. Au bénéfice d'une rentabilité économique ? Même pas. L'excédent agroalimentaire de 10 milliards d'euros équivaut au montant des subventions que la France reçoit de la PAC. Aberrant ! C'est le résultat d'un modèle productiviste, industriel,

10. *Source* : INSEE, 2012.

sous perfusion chimique, poussant à toujours plus de concentration et de spécialisation.

L'échec du modèle agro-industriel breton est emblématique. La Bretagne est la première région agricole française, avec quelques records : sur 7 % de la surface agricole nationale, la région accueille 14 millions de porcs, soit 60 % de la production nationale, 94 millions de volailles et 2,25 millions de bovins. Cette concentration est dramatique pour l'environnement : la Bretagne est championne nationale pour la pollution des nappes, des cours d'eau, et la production d'algues vertes. Ce n'est pourtant pas efficace puisque l'agriculture bretonne ne se classe qu'au seizième rang des régions françaises en termes de valeur ajoutée produite, tout juste le montant des aides européennes reçues. Pire, l'agriculture bretonne a perdu ces cinq dernières années plus de 15 000 emplois dans l'agriculture et l'agroalimentaire ! Il faut inverser cette tendance infernale. L'agriculture peut participer au défi de l'emploi. La disparition massive des paysans n'est pas une fatalité.

La déconfiture du groupe de volailles Doux est caricaturale de cette situation absurde. Ce groupe a reçu plus de 50 millions d'euros par an de subventions européennes pour exporter massivement des volailles de piètre qualité vers les pays en développement, y tuant parfois l'élevage local, ou pour alimenter les chaînes de plats préparés en « minerai », expression consacrée qui cache une bouillie de viande sans forme ni appétence. Plutôt que de jouer le qualitatif, le groupe s'est fait le champion du quantitatif en devenant le troisième exportateur mondial. Au total, la France exporte 1,2 million de tonnes de volailles bas de gamme mais importe 700 000 tonnes de produits volaillers à haute valeur ajoutée comme le poulet fermier. Cette combinaison stupide génère un déficit commercial de 800 millions d'euros[11] pour notre balance commerciale. Où est la logique économique ? Où est l'intérêt général ?

Ces politiques menées en Europe et aux États-Unis se traduisent donc par des excédents vendus au rabais dans les pays du Sud. Ce faisant, elles y détruisent les filières vivrières, rendent ces pays dépendants alimentairement, poussent les paysans dans les villes – qui deviennent les premiers émeutiers de la faim –, ou des migrants embarquant à bord de fragiles pirogues ! La sécurité alimentaire de milliards de personnes est alors à la merci des manœuvres financières des spéculateurs sur les marchés agricoles internationaux et des rentabilités comparées entre alimentation et agrocarburants.

Alors forcément, le mouvement des « bonnets rouges » est paradoxal. Absurde bien sûr quand il

11. Berthelot, Jacques, « Le dumping total des exportations de volailles congelées de Doux de 2008 à 2011 », *Solidarité*, 17 juin 2012.

se cristallise sur une taxe poids lourds – ou écotaxe – à venir dont le seul objectif est de rééquilibrer le financement et l'offre d'infrastructures de transport au profit des usagers et des contribuables. Légitime quand des salariés jetés comme des Kleenex se sentent abandonnés et se révoltent. Mais je m'inquiète de la confusion qui naît d'une alliance avec des industriels qui, avec la complicité des élus bretons de gauche et de droite, se sont goinfrés de subventions publiques au fil des années, jouent la carte du dumping social et environnemental, participent d'une mondialisation sans éthique, se revendiquent d'une identité bretonne mais orchestrent à l'échelle mondiale la destruction massive de toute identité agricole et alimentaire. Je suis régionaliste et je défends un modèle de développement durable valorisant l'autonomie et la diversité agricole, énergétique, sociale et culturelle. Je dénonce donc ce régionalisme démagogique et populiste qui se construit contre les autres, dans la contestation et la dérogation aux règles communes, nationales ou européennes, pour finalement pérenniser le système et l'oligarchie en place.

## Productivisme, quand tu nous tiens !

Comment en est-on arrivé là ? Les soutiens à la production sont l'instrument privilégié d'une reconquête de souveraineté alimentaire européenne dans les années 1960 et 1970. Ayant atteint cet objectif, l'Europe n'adapte pas son modèle pour privilégier la qualité à la quantité, l'emploi à la mécanisation, l'équilibre des territoires et l'environnement à la concentration et à la spécialisation. C'est qu'entre-temps l'Europe et singulièrement la France découvrent la mondialisation agricole. L'État français organise avec une partie de la profession agricole la cogestion de l'agriculture autour d'une géopolitique alimentaire agressive. Un système clos se met en place dans lequel État, syndicat majoritaire, banque, assurance, enseignement et recherche agricole, et conseillers techniques représentant les firmes semencières et agrochimiques défendent une même logique productiviste, socialement et écologiquement dévastatrice, financée par des fonds publics. Sans chercher à les déresponsabiliser, la majorité des agriculteurs se laisse piéger par un système où la production leur échappe et dont ils sont les premières victimes.

Les Français sont attachés à leurs paysans, mais ils sont de plus en plus exigeants pour leur alimentation, leur santé et leur environnement. Le paysan des années 1960, qui s'est modernisé pour devenir un agriculteur nourricier, doit réussir une nouvelle mutation : gérer, et non plus exploiter, un capital naturel dégradé, et fournir une alimentation saine et de qualité. C'est d'abord refuser de produire davantage de maïs et d'importer massivement du soja transgénique pour les porcheries industrielles, renoncer à exporter plus de viandes et de poudre de lait à coups de subventions et ainsi déstructurer les agricultures vivrières des pays du Sud, stopper la prise en main des filières de production par l'agroalimentaire qui finalement aboutit à leur délocalisation, comme dans le cas de la filière volaille.

On en oublierait presque que l'agriculture nous procure des aliments, des fibres et de l'énergie nécessaires à nos besoins quotidiens, que, simultanément, elle valorise des territoires, des paysages et un patrimoine naturel commun. Ou encore que l'herbe pousse toute seule et représente un incroyable potentiel alimentaire pour les herbivores et les économies d'énergie. On en oublierait surtout que d'autres modèles agricoles existent et tentent, difficilement, de se développer. Ce sont les agricultures paysannes et biologiques. Malgré le peu de soutien de la PAC et de la politique agricole française, elles produisent des aliments de qualité tout en valorisant les milieux naturels, maintiennent et, mieux, créent des emplois qualifiés sur des circuits courts (élevage-boucherie/charcuterie, cantines scolaires, AMAP[12]...). Et malgré l'opposition des organisations professionnelles dominantes, des firmes

12. Associations pour le Maintien d'une Agriculture Paysanne.

agrochimiques et agroalimentaires, elles illustrent la viabilité d'une agriculture durable et respectueuse de l'environnement, qui contribue activement à l'aménagement des territoires, à la vie rurale et au refroidissement de la planète en développant son autonomie énergétique grâce à la biomasse et à l'énergie solaire. Ces agricultures seront j'espère au cœur des réflexions sur l'aménagement des grandes métropoles et l'alimentation de leurs habitants en circuits courts. Elles construisent notre souveraineté alimentaire.

## Redonnons le goût de produire et de manger

J'ai rencontré de nombreux paysans. Comme Patrick, un agriculteur alsacien qui a été exposé il y a quelques années à une forte dose de pesticides qu'il diffusait alors sur son maïs. Cet accident lui a causé de graves problèmes de santé. À trente-cinq ans, il a développé la maladie dégénérative de Parkinson. Il est aujourd'hui reconnu comme travailleur handicapé et traite ses tremblements par médication. Depuis, il est passé en agriculture bio, sensibilise les citoyens et met son savoir-faire au profit d'autres agriculteurs. Avec l'association Phyto Victimes, il tente comme beaucoup d'autres de faire reconnaître sa maladie comme maladie professionnelle.

Certains agriculteurs ont changé de pratiques tout simplement parce qu'ils ne voulaient plus porter de combinaison complète pour aller traiter leurs champs. D'autres en avaient assez de ne plus savoir dans quelle région du monde allait être consommé ce qu'ils produisaient. Beaucoup ont honte de ce qu'ils épandent. J'ai même rencontré un éleveur qui m'expliquait qu'il n'était pas question qu'il mange les animaux de son élevage, vu tous les produits et médicaments qu'il leur faisait avaler, et que, pour l'alimentation de sa famille, il se fournissait au marché bio !

J'ai constaté aussi que la conversion vers des pratiques durables est souvent un parcours d'obstacles, y compris culturels et sociaux. Combien il pouvait être difficile de rompre avec le modèle dominant, les tensions parfois avec le père dont on a repris la ferme, ses collègues, ses voisins, les autres membres des coopératives ou du syndicat. Mais ce qui m'a toujours profondément touché, c'est la volonté de réapprendre le métier et la nature lorsqu'elle doit être un partenaire et non un outil. C'est aussi l'incroyable satisfaction et la fierté qu'éprouvent ces paysans d'avoir repris le contrôle de leur vie et de leur production.

À Saint-Martin-de-Ré, Sophie et Jacky Sury exploitent une concession ostréicole artisanale. Par choix éthique, ils se sont spécialisés dans l'élevage d'huîtres naturelles, refusant de tomber dans l'air du temps des triploïdes, ces huîtres dont on a modifié les gènes en laboratoire pour les rendre stériles. Ils ne veulent pas dépendre d'un fournisseur qui tient en laisse ses clients et leur livre un produit sorti d'une écloserie industrielle. Beaucoup attribuent d'ailleurs au développement de cette technologie la surmortalité qui a frappé les élevages d'huîtres ces dernières années. La pollution des eaux, l'intensification des cultures comme le déplacement des parcs à huîtres entre régions pour accélérer leur croissance y ont également contribué.

Ils ont connu le doute. Leur stock menaçait de disparaître et leur activité avec lui. Le couple a alors imaginé une activité complémentaire pour mieux valoriser une production affaiblie. Aujourd'hui titulaires du premier label « auberge paysanne de la mer », ils sont autant restaurateurs qu'ostréiculteurs. Ils offrent dans leur cabane aménagée une dégustation unique d'huîtres, de poissons et de vins produits sur place, en circuits courts, en plus d'une vue imprenable sur l'Océan. C'est une leçon, celle de la résistance à la fatalité. Le couple a su retrouver le goût de produire malgré l'adversité, en offrant accueil et produits locaux de qualité à leurs clients.

« Plaisir » et « récompense », voilà les termes employés par Bruno Briffaut, agriculteur de la Sarthe, quand il évoque son travail au sein de Bio Avenir, le GAEC (Groupement Agricole d'Exploitation en Commun) qu'il a créé avec

Laurent Lebatteux en 2005. C'est en partant d'un simple atelier de découpe, qui permet encore aujourd'hui aux habitants du secteur de venir acheter de la viande produite sur place, que l'idée a germée dans leur esprit : pourquoi ne pas développer une activité agricole en circuit court afin d'alimenter le territoire environnant à base de produits locaux ? Cela n'allait pas de soi. En regroupant leurs exploitations, Bruno et Laurent ont dû réorganiser leur exploitation et leur atelier, s'approprier des normes européennes contraignantes. Trois principes ont guidé leur projet : qualité de vie, organisation saine du travail et vente directe aux habitants.

Aujourd'hui, Bio Avenir a deux laboratoires, l'un pour la viande, l'autre pour le lait, et cinq emplois à plein temps. Sur un rayon de 40 kilomètres, personne n'ignore plus le GAEC Bio Avenir, qui alimente une liste de clients fidèles : du lait en bouteilles pour les ménages, des yaourts pour les établissements scolaires et les maisons de retraite de la banlieue du Mans... L'entreprise est passée de 35 000 litres de lait transformé en 2005 à 100 000[13] aujourd'hui. Avantage supplémentaire pour cette entreprise en pleine réussite : elle fixe elle-même le prix de ses produits, ce qui lui permet d'échapper à la tyrannie des prix imposés par les firmes agro-

13. Données GAEC Bio Avenir, septembre 2013.

alimentaires et la grande distribution. Au-delà du plaisir de la relation directe aux consommateurs, Bruno et Laurent partagent leur passion des produits de la nature en visitant les classes des écoles et collèges alentour.

## L'agroécologie : la priorité !

Les conclusions d'un rapport majeur des Nations unies de 2008[14] le confirment d'ailleurs : la solution aux défis démographiques, alimentaires, environnementaux et climatiques des décennies à venir passe par l'agriculture paysanne et l'agroécologie. Elle doit être faite pour et par les centaines de millions de petits paysans. Les plantes, et demain les animaux génétiquement modifiés, font partie du problème, pas de la solution. C'est une approche à l'opposé de celle de l'OMC et des accords de libre-échange qui entendent imposer à l'humanité un modèle standardisé, construit par et pour les firmes semencières, chimiques et agroalimentaires.

Pour changer les pratiques agricoles à grande échelle, il faut également changer les politiques et le mode de gouvernance de l'agriculture. La

14. *The International Assessment of Agricultural Science and Technology for Development* (IAASTD), Nations unies, 15 avril 2008.

Politique Agricole Commune aurait pu permettre de produire autrement si elle avait été discutée, élaborée et mise en œuvre en concertation avec les citoyens, une représentation syndicale agricole enfin pluraliste, les organisations de protection de l'environnement, de consommateurs et les collectivités territoriales. Nous nous sommes battus au Parlement européen, José Bové en tête, pour que la réforme de la PAC privilégie enfin les exploitations de moins de 50 hectares, les systèmes herbagers, la production européenne de protéines végétales, la rotation des cultures, le plafonnement des aides à 100 000 euros par exploitation... Nous avons défendu une politique où les agriculteurs seraient les acteurs d'une souveraineté alimentaire retrouvée en Europe et dans le reste du monde. Nous avons promu une agriculture ancrée dans ses territoires, une démocratie alimentaire faisant vivre paysans, citoyens et consommateurs sur la base d'un nouveau contrat entre villes et campagnes.

Reconnaissons-le, malgré la réalité décrite plus haut, malgré les scandales sanitaires et alimentaires, nous avons peu gagné. Même avec un nouveau gouvernement, la France a défendu bec et ongles le budget de la PAC au détriment d'un contenu profondément amélioré. François Hollande a chaussé les bottes de Jacques Chirac pour défendre le *statu quo*, en parfaite cogestion avec la FNSEA. Ce n'est pourtant qu'une question de temps avant que la digue du conservatisme agricole explose. Trop d'agriculteurs portent aujourd'hui le changement, trop de citoyens prennent conscience des dégâts d'un modèle accaparé par et pour quelques-uns. Combien de victimes d'ici là ?

## Le nucléaire : un mythe d'État qui s'effondre

C'est au nom du jacobinisme politico-industriel que s'est forgée depuis plusieurs décennies une orthodoxie énergétique formidablement ancrée dans l'esprit des Français. Les débats récurrents sur le nucléaire permettent de s'en apercevoir.

En France, c'est bien connu, on n'a pas de pétrole mais on a des idées. Plutôt une, bien accrochée : le nucléaire ! Malgré Tchernobyl, malgré la catastrophe toujours en cours à Fukushima, le mythe nucléaire français fléchit mais ne rompt pas. Les campagnes de publicité se succèdent, vantant les mérites d'une industrie que le monde entier, évidemment, nous envie. Oubliés les déchets, oubliés les accidents, la pollution, la prolifération, la faillite financière et industrielle, le nucléaire garde toujours la cote chez les responsables politiques et économiques, en particulier chez ceux qui n'y connaissent finalement pas grand-chose. Et pourquoi d'ailleurs faudrait-il remettre en cause l'un des compromis politiques les plus tenaces depuis la Seconde Guerre mondiale, plus tenace que la Sécurité sociale ? Même si ce compromis gaullo-communiste ressemble au dernier avatar du soviétisme : système bureaucratique et ultra-centralisation sur l'État, confiance absolue dans le techno-scientisme, méga-outil, opacité et propagande, lien entre civil et militaire.

Cette dimension originelle de l'atome, la bombe, n'est pas étrangère à l'absence de débat et de questionnement dans la société, à l'exception des combats menés par les écologistes. Battue lors des derniers conflits dans lesquels elle s'est engagée, la France a fait de l'arme atomique l'instrument de son redressement sur la scène internationale. La situation est évidemment différente en Allemagne où le nucléaire militaire n'a jamais été que celui des Américains ou des Soviétiques.

Offrant aux salariés du nucléaire civil un statut plus favorable qu'aux ouvriers de Billancourt, l'État s'est acquis le plein soutien des syndicats. Aujourd'hui encore, au nom d'un improbable chantage à l'emploi, ils finissent par coller aux positions du patronat sur le nucléaire comme sur le gaz de schiste, et forment de fait une grande alliance productiviste avec lui.

Du coup, l'atome en France a tellement imprégné la culture de l'État que les hommes et les femmes qui nous gouvernent ont longtemps cessé d'y réfléchir, de se poser le minimum de questions avant d'y investir des milliards d'euros de subventions publiques. C'est que l'État et les industriels ont préféré construire des mythes plutôt qu'un débat public qui donnerait aux citoyens le choix des énergies qu'ils souhaitent développer et des risques auxquels ils acceptent d'être exposés. À leur décharge, quand les citoyens sont consultés, comme en Italie ou plus récemment en Lituanie, ils ont la mauvaise idée de vouloir sortir du nucléaire !

La réalité balaie aujourd'hui un à un les écrans de fumée. L'État n'a plus les moyens de financer une industrie dont se détournent les investisseurs privés. Surtout, l'information et la transparence progressent inexorablement. Évidemment, c'est trop lent au regard des risques encourus et des fonds engloutis. Et l'atome se défend avec de puissants moyens. Les associations informent le public qu'un EPR ne résisterait pas à la chute d'un avion de ligne ? L'information est classée « confidentiel défense ». EDF engage une officine de barbouzes pour m'espionner et pirater mon ordinateur afin de connaître la stratégie de Greenpeace ? Elle obtient contre toute évidence la relaxe de la cour d'appel de Versailles après avoir été condamnée au maximum des peines encourues par le tribunal de Nanterre. Je garde en mémoire l'image de ce président de cour qui frétillait devant le gratin du barreau de Paris défilant pour défendre les pratiques indignes d'une entreprise censée incarner l'intérêt général et pourtant prise la main dans les poubelles de Greenpeace.

Les mythes du nucléaire s'effondrent donc les uns après les autres.

Risque zéro ? Même si l'industrie et le gouvernement tentent de refermer la « parenthèse » Fukushima en prétendant avoir tiré toutes les leçons de la catastrophe japonaise, il est acquis qu'un accident majeur est possible en Europe.

Indépendance énergétique ? 100 % de l'uranium nécessaire est importé, y compris de pays dans lesquels notre stratégie d'approvisionnement relève d'une démarche néocoloniale indécente.

Fleuron français ? Les chantiers EPR en Finlande et à Flamanville sont des catastrophes industrielles dont les coûts ont plus que triplé, pour se rapprocher des 10 milliards d'euros l'unité, alors que les retards avoisinent la dizaine d'années.

Vivier d'emplois ? Avec 75 % de l'électricité, le nucléaire génère autour de 120 000 emplois directs en France quand, avec 25 % de l'électricité en Allemagne, les renouvelables en ont déjà créé près de 400 000[15]. Pire, les conditions de travail se dégradent dans les centrales. Le départ à la retraite de très nombreux salariés des centrales comme le recours de plus en plus

15. Selon le ministère allemand de l'Environnement.

fréquent à une sous-traitance mal formée et mal traitée posent de graves problèmes de sûreté dans des centrales en fin de vie.

Électricité pas chère? Fixé par le gouvernement, le prix de l'électricité n'intègre pas correctement la gestion des déchets, ni le démantèlement des centrales, ni le renouvellement du parc ou les assurances en cas d'accident. Il faudrait augmenter les prix d'au moins 50 % pour couvrir ces coûts. Avantage pour les finances publiques? Selon le groupe d'experts de Global Chance, poursuivre et renouveler le parc nucléaire coûterait près de 20 % de plus que d'en sortir, autour de 470 milliards d'euros sur vingt ans pour le premier, contre 410 milliards pour le second.

Solution pour les 2 milliards de personnes dans le monde sans accès à l'électricité? Les conditions physiques, économiques et politiques des pays concernés excluent la technologie nucléaire.

Réponse au dérèglement climatique? Avec 2 % de la consommation mondiale d'énergie et au regard des coûts et des délais de construction, l'impact du nucléaire sur le climat, c'est trop peu, trop cher, trop tard.

## La fin du nucléaire n'est pas la fin du monde

La transparence sur le nucléaire discrédite donc sa poursuite. Les Français veulent en sortir mais doutent de l'existence d'une alternative crédible. Comment les convaincre ? En expliquant sans relâche, exemples à l'appui, que les économies et l'efficacité énergétique d'une part, les renouvelables d'autre part permettront d'améliorer le pouvoir d'achat et le confort dans le logement et les transports. Qu'ils sont un formidable levier de création d'emplois et de réindustrialisation de nos territoires avec des PME innovantes. Qu'ils rendront notre économie plus indépendante et plus compétitive, à l'image de l'Allemagne. Il nous revient à nous, écologistes, de faire vivre le débat que nous avons ouvert. Partout où il a eu lieu en Europe, la réponse a été la même : on doit faire et on peut faire sans le nucléaire. Même au sein du parti socialiste, le débat existe dorénavant, et plusieurs candidats à la primaire s'étaient exprimés en faveur d'une sortie.

Il existe un scénario réaliste, rationnel, responsable de sortie du nucléaire. Cela prendra une vingtaine d'années : c'est plus de temps qu'il n'en a fallu pour construire la plus grande partie de notre parc. On ne sort pas du jour au lendemain d'un tel enfermement mais ça doit commencer maintenant, car tout report de l'échéance conduirait soit à prolonger de manière très risquée la durée de vie des réacteurs, soit à renouveler une partie du parc et mettre un terme définitif à la perspective de sortie.

Quel responsable politique peut assumer le risque d'un Fukushima en Europe dans les vingt prochaines années ? Quel responsable politique peut sacrifier un demi-million d'emplois ? Allons, camarades socialistes, c'est la fermeture du premier réacteur qui fait mal. Les autres, ce sera du bonheur !

Notre pays a besoin d'un nouvel imaginaire énergétique. Le plus triste dans les déclarations récurrentes sur l'avenir prometteur du nucléaire, comme sur celui des gaz de schiste, n'est pas tant d'engager de nouveaux investissements que personne finalement ne veut faire. C'est de rabâcher un imaginaire des énergies fossile et nucléaire, fleurons de notre industrie, offrant des énergies bon marché à condition de s'exonérer des contraintes environnementales et de la réalité économique !

Le sociologue allemand Ulrich Beck disait que toutes les victimes de Tchernobyl ne sont pas encore nées. Cela vaut évidemment pour Fukushima. Vingt-cinq ans après Tchernobyl, il y a bien sûr un avant et un après Fukushima. Selon l'IRSN et plusieurs experts comme l'ingénieur et économiste Benjamin Dessus et le physicien nucléaire Bernard Laponche, il est possible qu'un accident majeur de type Tchernobyl ou Fukushima survienne en Europe dans les vingt prochaines années. Pour mieux imaginer le drame qui nous pend au nez, il suffit de prendre une carte de l'Europe, d'y placer les 134 réacteurs nucléaires en activité et de tracer autour, comme le recommandait le ministre japonais de l'Environnement au moment de Fukushima, une zone d'exclusion de 80 kilomètres !

Au Japon justement, malgré le sursaut citoyen et démocratique, malgré une formidable prise de conscience de la réalité nucléaire et des mensonges entretenus par l'État et les industriels, la désinformation continue, laissant dans de grandes régions les familles angoissées lorsqu'elles envoient leurs enfants à l'école ou qu'elles préparent les repas, les paysans désespérés de voir leurs productions contaminées, les milliers de réfugiés nucléaires abandonnés car ils ne retrouveront peut-être jamais leurs terres et leurs maisons. La radioactivité continue pourtant de s'échapper du site, et les conséquences sur la santé et l'environnement sont d'autant plus effrayantes qu'elles sont encore inconnues.

Le nucléaire est un risque inacceptable et inutile. En sortir est une obligation morale. C'est aussi un projet collectif, le projet d'une société écologique qui élimine le risque technologique le plus effrayant que l'humanité ait créé. Plus qu'ailleurs, la mort de ce vieux monde n'est pas la fin du monde. Au contraire ! Décentralisons la décision énergétique, redonnons le pouvoir aux citoyens : la réponse au nucléaire est d'abord démocratique.

# 4

# Veut-on encore d'une industrie en France et en Europe ?

L'industrie et l'emploi ouvrier sont au cœur du débat politique. Face à l'érosion continue de l'industrie française, le premier gouvernement Hollande oppose le redressement productif, un terme vague mais qui répond à la commande politique : faire preuve de volontarisme. Encore faut-il avoir une vision industrielle de long terme ! C'est une chose de vouloir empêcher les fermetures d'usines en période de crise conjoncturelle, c'en est une autre de répondre à la crise structurelle qui frappe l'outil industriel français ! Face à la mondialisation des étapes de production, au remplacement continu de l'homme par la machine et à l'augmentation de la productivité, face à l'évolution des besoins et de la demande des consommateurs, face aux nouvelles contraintes environnementales, la simple reconduction des politiques industrielles passées n'est pas une option. D'aucuns aimeraient que la France et l'Europe entière deviennent un « parc d'attractions », selon l'expression du philosophe libéral Yves Michaud, une économie entièrement consacrée aux services. Je ne suis pas de ceux-là.

L'État français se considérant comme le seul garant de l'intérêt général, il aime mettre les mains dans le cambouis, diriger l'économie, avec les mêmes ambitions qu'il y a cinquante ans mais avec des capacités d'intervention sérieusement amputées. La politique industrielle française d'après guerre est marquée par un État très fort, intervenant à coups de grands projets gaullo-pompidoliens, gérant tout aussi bien la recherche, la production que la demande : il choisit la technologie, crée des groupes industriels, achète la production. On pense au nucléaire, au TGV ou au Rafale. De là ont émergé des champions industriels : EDF, Areva, Alstom, Dassault et bien d'autres.

Ce modèle d'après guerre est-il reproductible ? Certainement pas à l'identique. Car il a déjà montré ses limites sur l'informatique, avec le fiasco à plusieurs dizaines de milliards du Plan Calcul[16] et de Bull, ou du Concorde. Car aujourd'hui, l'enjeu est l'innovation et non plus l'imitation. L'État peut favoriser l'innovation, il ne peut pas la planifier : on ne choisit pas les

16. Plan gouvernemental français lancé en 1966 par le général de Gaulle pour assurer l'indépendance du pays en matière de gros ordinateurs.

technologies et les entreprises qui gagneront, surtout si on privilégie toujours les mêmes. Car les grands groupes, s'ils ont des capacités d'investissement et d'innovation colossales, évoluent beaucoup trop lentement pour répondre aux enjeux du nouveau siècle. Le bébé d'un dinosaure sera toujours un dinosaure.

## Les champions nationaux ont vécu

Peut-on vraiment compter sur EDF ou GDF Suez pour proposer aux Français non pas de consommer toujours plus d'énergie centralisée, mais de diviser par quatre leurs dépenses et de produire eux-mêmes, localement, le peu dont ils auront encore besoin ? Peut-on compter sur les constructeurs automobiles ou sur Air France pour porter un nouveau modèle de mobilité, qui fasse la part belle à des transports collectifs plus efficaces, adaptés aux conditions locales ?

Je connais leur réponse pour l'avoir entendue des dizaines de fois : « Ce n'est pas notre responsabilité. Demandez à l'État ! » Sauf qu'en construisant pour chaque politique sectorielle un ou deux « champions nationaux », ces derniers sont devenus LA politique qu'ils devaient servir ! Le moyen est devenu la fin. Ils ont alors développé des logiques de rente industrielle dont ils gèrent avec l'État la pérennité. Ainsi l'État soutient-il pour près de 10 milliards d'euros PSA et Renault, sans conditionnalités sociales ou environnementales, sans questionner les stratégies de délocalisation engagées depuis des années, sans encadrer les relations de plus en plus prédatrices vis-à-vis des sous-traitants. Ainsi François Hollande maintient-il le chantier de l'EPR de Flamanville, malgré son échec industriel et financier, pour éviter la faillite d'Areva.

Surtout, nos champions nationaux n'ont plus de nationale que l'histoire. Là encore, la France n'a plus les moyens de ses prétentions et doit draguer quelques dictatures gazières ou pétrolières pour entrer dans le capital de ses groupes. Alors que l'État voit toujours dans ces groupes l'incarnation de ses ambitions sectorielles, ces derniers s'inscrivent depuis longtemps dans un cadre global où le patriotisme est obsolète.

En matière industrielle aujourd'hui, l'État intervient comme un pompier équipé d'un saut d'eau alors qu'il devrait être stratège. Dans les secteurs traditionnels comme la sidérurgie, il achète du temps à Mittal pour retarder l'inéluctable. Dans les secteurs en pleine restructuration mondiale et surcapacités structurelles comme l'automobile, il n'envisage que des réponses conjoncturelles de demande. Il peine enfin à soutenir les secteurs d'avenir parce qu'ils remettent en cause les rentes de ses alliés industriels. Au final, la France est victime d'une double peine : délocalisation des activités traditionnelles, et délocalisation du potentiel non exploité de conversion et de création d'activités dans les secteurs d'avenir.

## Pour une industrie qui valorise le travail et économise les ressources

L'industrie française a besoin d'un cap, et l'État doit contribuer à le fixer en y associant tous les acteurs concernés. Ce cap repose selon moi sur trois piliers principaux. Le premier est de réorienter une partie des objectifs de production vers la satisfaction de nos besoins essentiels : le logement, les transports collectifs, les énergies propres, une agriculture durable et une alimentation saine...

Le deuxième consiste à transformer les modèles de production en les axant sur l'efficacité et la sobriété en ressources et en carbone : les éco-matériaux, la chimie verte, l'efficacité des moteurs, l'éco-conception des produits, les circuits courts agricoles, l'économie de réparation, de la réutilisation et du recyclage, l'économie de fonctionnalité qui privilégie l'usage à la possession, la fin de l'obsolescence programmée de nos appareils...

Le troisième pilier impose de redéfinir les enjeux de la compétitivité. Le seul critère retenu aujourd'hui est la compétitivité du travail, en fait son coût. C'est ignorer que la compétitivité européenne se joue principalement sur la compétitivité hors prix (qualité des produits, durabilité, haut de gamme). C'est s'exonérer trop facilement de mauvais choix stratégiques qui ont conduit à délaisser des secteurs dynamiques et des formes d'organisation plus efficaces.

En fait, le travail représente à peine 20 % des coûts de production de l'industrie en Europe. Jouer sur cette seule variable, c'est mettre les salariés en concurrence, quelles que soient les conditions de vie et de production. Les matières premières représentent près de 50 % des coûts. En entend-on parler ? Comme par hasard, sous la pression de la vieille économie fossile, on ne parle que des coûts de l'énergie qui n'excèdent pas 4 % du total en moyenne.

La sobriété en ressources n'est pas seulement un objectif environnemental essentiel, elle est l'une des clés de la compétitivité européenne en ouvrant un formidable gisement d'innovation. Et de souveraineté : l'Europe est l'économie la plus dépendante de l'extérieur pour ses ressources. Suivant une stratégie similaire à celle du photovoltaïque, la Chine contrôle dorénavant 97 % de l'offre mondiale de terres rares, ces matériaux précieux si utiles pour la fabrication des nouvelles technologies.

L'Union européenne utilise plus de 8 milliards de tonnes de ressources pour faire fonctionner son économie. C'est 16 tonnes par Européen, dont 6 sont gaspillées et 3 finissent à la décharge ! Près de 40 % de gaspillage, c'est gigantesque. C'est le cas en particulier de ressources précieuses comme l'eau alors que l'efficacité pourrait être accrue de 40 % par de simples mesures techniques. Chaque Européen gaspille 180 kilos de nourriture par an. Pourtant, nous savons qu'avec la croissance démographique, nos besoins alimentaires et en fibres pourraient croître de 70 % d'ici 2050 au niveau mondial. Comment imaginer de ne pas réduire formidablement notre prédation sur les ressources quand 60 % des écosystèmes mondiaux sont déjà durablement dégradés et qu'il faudrait deux planètes pour satisfaire de tels besoins ? Avec la sobriété carbone, la sobriété en ressources est le grand défi de la transition économique. Il est celui d'une plus grande équité. Il est celui de la paix.

L'UE jette 2,7 milliards de tonnes de déchets dont seuls 40 % en moyenne sont réutilisés ou recyclés, quand ce taux atteint 80 % dans certains pays[17]. Passer à 70 % créerait 500 000 emplois en Europe. En Grande-Bretagne, les entreprises pourraient économiser 23 milliards de livres sterling en prenant des mesures d'un coût nul ou faible en matière d'utilisation des ressources. En Allemagne, une

17. Les chiffres qui suivent proviennent de : « A resource-efficient Europe – Flagship initiative of the Europe 2020 Strategy », Commission européenne, 2013.

utilisation plus efficace des ressources dans le secteur manufacturier permettrait de réaliser chaque année des économies de l'ordre de 20 à 30 % et créer un million d'emplois. 1 % de réduction de la consommation d'énergie en Europe économiserait 50 centrales au charbon.

Les emplois dans l'économie verte ont continué d'augmenter, malgré la crise. Les secteurs de l'efficacité énergique et des énergies renouvelables pourraient créer jusqu'à 5 millions d'emplois en Europe d'ici 2010[18].

Selon l'Agence Internationale de l'Énergie, 1 euro investi dans l'efficacité énergétique de nos équipements ménagers, éclairages ou logements permet d'économiser 2 euros investis dans la production d'électricité. Pour la France aussi, le scénario de transition énergétique Négawatt, LA référence dans le domaine, démontre de manière très concrète les incroyables gisements d'économies d'énergie possibles et l'immense potentiel économique, social et démocratique que recèle une telle transition.

Déjà, dans certaines entreprises outre-Rhin, les économies réalisées sur les ressources sont redistribuées entre l'entreprise et les salariés sous forme de primes. Alors, plutôt que de mettre les salariés en concurrence, impliquons-

18. Selon la communication de la Commission européenne « Vers une reprise génératrice d'emplois », avril 2012.

les dans des logiques de sobriété, tant dans la conception des produits, des modes de production que de l'organisation du travail. Plutôt que de subventionner les énergies fossiles pour plus de 500 milliards de dollars par an au niveau mondial, investissons dans la sobriété et l'efficacité.

Ce changement offre également une nouvelle vie à des sites industriels qui voient le vent tourner malgré leur savoir-faire, comme les chantiers navals de Lindoe au Danemark reconvertis dans les renouvelables. Cette conversion ne s'est pas faite par hasard. Les collectivités locales, les industriels, les syndicats et les investisseurs se sont regroupés pour définir ensemble une stratégie à l'échelle d'une région et construire l'une des industries les plus innovantes et puissantes du monde dans le domaine de l'éolien off-shore et des énergies marines.

Cette expérience commence à être reproduite par les chantiers de Saint-Nazaire. Trop peu d'entreprises en France prennent ce virage, comme Bosch à Vénissieux, Mersen à Amiens sur l'éolien ou l'entreprise MPO à Averton en Mayenne sur le solaire photovoltaïque. Mais combien d'usines de fonderie ou de plasturgie aujourd'hui fermées qui auraient pu trouver de nouveaux débouchés dans les renouvelables ou les éco-matériaux ? Notre base industrielle se réduit à la même vitesse que la banquise, sacrifiant outils de production, compétences humaines et savoir-faire collectifs. Les secteurs d'avenir sont une partie de la solution pour l'industrie du passé si le changement de cap est résolument engagé. La sidérurgie, l'automobile et le photovoltaïque en disent beaucoup sur les difficultés comme sur les opportunités de l'industrie française et européenne.

## Sidérurgie : engageons le bras de fer européen avec Mittal !

Le 5 décembre 2012 à Matignon, Jean-Marc Ayrault entérine le nouveau projet industriel du groupe ArcelorMittal, en écartant celui de nationalisation provisoire d'Arnaud Montebourg. Outre l'arrêt des hauts-fourneaux de Florange, l'accord prévoit notamment le transfert d'une partie des activités de « packaging amont » du site de Basse-Indre à Florange. Le démantèlement, l'opacité et la fragilisation des filières s'organisent ainsi partout, au seul profit de la rentabilité financière du groupe et de l'enrichissement de son propriétaire. Mittal ne s'y prendrait pas autrement s'il voulait organiser le crash à moyen terme de la sidérurgie française !

Salué autrefois comme un investisseur prodigue et sauveur d'Arcelor, Lakshmi Mittal impose depuis plusieurs années une restructuration brutale de la sidérurgie européenne. Invoquant la baisse de la demande d'acier dans le monde, le groupe ArcelorMittal a décidé que la pérennité de sites sidérurgiques comme Liège, Rodange ou Florange n'était plus assurée. Pas assez compétitifs ! Il y a peu, Florange figurait pourtant parmi les trois sites les plus performants du groupe. On voit alors des gouvernements européens tétanisés, qui hésitent entre tapis rouge pour obtenir d'ultimes promesses et guillotine pour sanctionner la brutalité et le cynisme du leader mondial de l'acier ; mais qui finissent par lui accorder ce qu'il demande. Comme dans d'autres secteurs, les salariés de Florange, de Basse-Indre et d'ailleurs m'ont dit le dégoût qu'ils éprouvaient vis-à-vis des responsables politiques qui leur avaient tant promis, leur incompréhension de l'impuissance politique face à la prédation. Je les comprends d'autant mieux qu'il n'y a pas de fatalité.

Aucune raison en effet de se montrer généreux avec le groupe Mittal. Après le rachat d'Arcelor en 2006, celui-ci décide d'investir massivement dans le secteur des mines, au prix d'un endettement colossal qu'il fait aujourd'hui payer à la sidérurgie alors que la conjoncture s'est retournée. ArcelorMittal n'est pas pour autant une multinationale en faillite : en 2011 elle a engrangé 2,3 milliards de bénéfices, son chiffre d'affaires s'est accru de 8 % et ses revenus de 20 %.

Pour maximiser ses profits, l'industriel a même bénéficié de largesses multiples, en particulier de la politique climatique européenne. Les menaces de délocalisation, le chantage à l'emploi et les combines financières ont permis à l'entreprise de s'affranchir de ses obligations en matière de réduction des émissions de gaz carbonique. Dans tous les pays européens où il est installé, le groupe Mittal s'est vu délivrer gratuitement un montant faramineux de ces permis de $CO_2$ qui s'échangent en Bourse, lui permettant d'accumuler un trésor de guerre d'environ 1 milliard d'euros en 2012[19] ! Pire, ces « droits à émettre » concernent parfois des sites industriels dont l'arrêt a été décidé peu après l'adjudication des permis, comme c'est le cas à Seraing en Belgique. Flouées, les autorités ont regardé Mittal passer à la caisse, alors que la revente d'une petite partie de ces quotas a déjà rapporté au groupe plus de 200 millions d'euros ces deux dernières années.

Le groupe sidérurgique est aussi un champion international de l'évasion fiscale. Grâce à d'habiles montages financiers, le groupe n'a payé aucun impôt en Europe en 2012 et affiche même une position créancière de 2,1 milliards de dollars au total à l'égard du Luxembourg, de la France, de l'Allemagne, de l'Espagne et de la Belgique. Sa dette fiscale de 1,3 milliard d'euros vis-à-vis du Trésor français semble même avoir disparu. Décidément insatiable d'aides

19. Cabinet Sandbag, Londres.

publiques, l'industriel de l'acier a également profité de 15 millions d'euros du gouvernement français au titre du Crédit d'impôt recherche pour les travaux du centre de Maizières-lès-Metz, alors que la direction annonçait une baisse de 15 % de son budget de recherche et développement.

## La sidérurgie sera européenne ou ne sera pas

C'est cependant moins l'honneur ou l'indignité de Mittal qui est en cause que l'impuissance des gouvernements à combattre cette stratégie mondiale de restructuration, qui met en concurrence les sites de production et les États à travers leurs normes sociales et environnementales, leurs régimes fiscaux et leurs aides publiques. Pour un gouvernement, donner des illusions aux salariés du secteur, orchestrer des annonces mal préparées et des décisions peu fiables ne sert à rien s'il s'agit finalement de toujours succomber au racket organisé. C'est la disparition de la sidérurgie qui s'organise ainsi en Europe, et les interventions publiques ne font que reculer les échéances. Tout ce qui sera obtenu pour Florange sera arraché à Basse-Indre, tout ce qui sera gagné en France sera perdu en Espagne, en Belgique ou ailleurs.

Arnaud Montebourg avait raison de ne pas vouloir céder à Mittal. Il avait tort de vouloir s'inscrire dans le seul champ national. C'est une impasse, au mieux la mise en scène nostalgique d'un capitalisme d'après guerre. Qu'on le veuille ou non, la reconquête de souveraineté face à des acteurs globaux aussi puissants passe nécessairement par l'Europe.

C'est à cette échelle que peuvent s'organiser la pérennisation et la modernisation des grandes industries européennes et, lorsque avérées, la gestion coordonnée de leurs surcapacités structurelles de production. Commençons par celles qui connaissent une crise profonde, comme la sidérurgie ou l'automobile, et celles qui structurent l'économie efficace, renouvelable et interconnectée de demain, comme l'énergie ou les transports.

Au cercle vicieux de Mittal, l'Europe doit opposer un cercle vertueux fondé sur l'innovation, la performance énergétique et carbone, la responsabilité sociale, bref, la compétitivité par le haut. En Allemagne par exemple, l'entreprise sidérurgique Dillinger Hütte (DH) se diversifie et prévoit d'investir 135 millions d'euros dans l'éolien off-shore[20]. Sur son principal site de production, l'entreprise allemande s'est engagée à consacrer 50 % de ses investissements aux enjeux environnementaux. Un tiers de sa

20. Selon le rapport Faure, « La filière acier en France et l'avenir du site de Florange », remis à Arnaud Montebourg en 2012.

consommation électrique est déjà produite sur place. Une stratégie qui a permis à DH de se spécialiser sur des aciers à fort contenu technologique et à haute valeur ajoutée. Il faut dire que, à la différence de Mittal, l'objectif de DH n'est pas la maximisation à court terme de la rentabilité financière. L'entreprise est propriété d'une fondation régionale dont la priorité est la pérennisation de l'activité industrielle. Un autre monde !

Début 2013, lorsque, avec quelques collègues eurodéputés verts, je rencontre la direction européenne d'ArcelorMittal, le propos est direct : « Nos sites européens sont largement amortis. Il n'est donc pas question d'en fermer plus que nécessaire ! En revanche, nous voulons continuer à bénéficier des soutiens publics, en particulier des quotas gratuits de $CO_2$... jusqu'en 2030 ! » Quelques semaines plus tard, nous invitons les syndicats européens du groupe. Changement de discours : « Il nous faut une stratégie européenne pour transformer la sidérurgie de manière durable. Faire de l'éolien notre premier débouché, innover sur les aciers à haute valeur ajoutée, notamment les aciers légers pour l'automobile et les aciers intégrant le photovoltaïque. » Tout est dit : l'écologie répond à la crise industrielle et sociale... Encore faut-il que les dirigeants européens choisissent d'engager ensemble le bras de fer !

## Le photovoltaïque, une réussite européenne fracassée par le dumping

Au moment où paraît ce livre, je ne sais pas s'il existe toujours une industrie photovoltaïque européenne. Rien n'est moins sûr. Plus d'un an après les États-Unis, l'Union européenne a certes imposé provisoirement, en juin 2013, des taxes anti-dumping sur les importations de panneaux photovoltaïques en provenance de Chine. Dans sa ligne de mire, les dizaines de milliards de dollars de soutiens publics divers dont bénéfice l'industrie chinoise pour lui permettre de vendre ses panneaux à la moitié de leur coût de production et ainsi conquérir le marché mondial.

Aussi étonnant que cela puisse paraître, il m'a fallu batailler pendant près d'un an, mobiliser pour cela l'ensemble des groupes politiques au sein du Parlement européen, interpeller les instances européennes et les ministres concernés pour que la Commission daigne reconnaître le problème et, répondant à une plainte des industriels eux-mêmes, enquête et finalement intervienne. Trop souvent, m'était opposé le fatalisme – « Trop forts ces Chinois ! » – ou la trouille – « Vous voulez une guerre commerciale en pleine crise ? » – pour justifier l'inaction.

Ces mesures anti-dumping étaient tardives, provisoires et insuffisantes, mais elles offraient un répit indispensable à une industrie en train de disparaître, avec ses 25 000 salariés, ses compétences, ses outils de production, tous victimes de la concurrence déloyale chinoise. C'était sans doute trop. La Commission européenne n'est guère courageuse mais, dans cette affaire, elle a dû faire face à une opposition féroce de certains pays, Allemagne en tête. Ainsi la Chine, avec la complicité manifeste d'Angela Merkel, est-elle parvenue à diviser les États-membres. Elle a d'abord menacé de représailles les opérateurs privés, puis l'Union européenne, enfin les États-membres les plus fragiles qui dépendent pour partie des investissements chinois. En laissant s'asseoir à la table du Conseil européen la dictature corrompue du Parti communiste chinois, la chancelière allemande a démontré une fois de plus qu'elle privilégiait sa conception de l'intérêt national allemand, ici sa diplomatie « Mercedes », à l'intérêt général européen. C'est selon moi l'une de ses fautes politiques les plus lourdes.

Fin juillet 2013, sans surprise et avec le soutien des États-membres, la Commission Barroso a plié devant la Chine, lui garantissant la majeure partie du marché européen à des prix bradés. Immédiatement, les autorités allemandes et chinoises ont salué de concert un accord « responsable ». Scandaleux ! Selon les industriels, seules cinq entreprises sur les quarante existantes pourraient survivre.

Fallait-il voir dans les mesures anti-dumping

du protectionnisme européen ? La critique fait sourire, tant la Commission européenne croit aux vertus du libre-échange, et tant l'Europe est de très loin le marché le plus ouvert de la planète. Plus d'un an après l'administration américaine qui avait rapidement imposé des taxes à hauteur de 250 % sur les panneaux chinois, la Commission était parfaitement dans son rôle de sanctionner des pratiques avérées de dumping que personne n'a contestées par ailleurs.

Fallait-il redouter le déclenchement d'une guerre commerciale ? Ne soyons pas naïfs : quand un pays utilise le dumping social, environnemental, fiscal et monétaire pour gagner des marchés internationaux géostratégiques, ou menace de rétorsions les États qui oseraient contester ces pratiques, nous sommes déjà en situation de guerre commerciale.

## Souveraineté industrielle, souveraineté énergétique

Revenons donc sur l'essentiel car l'enjeu est immense. En 2012, et ce malgré la crise économique, les investissements mondiaux dans les énergies renouvelables ont atteint plus de 200 milliards d'euros[21], cinq fois plus qu'en 2004.

21. Selon le Syndicat des Énergies Renouvelables, septembre 2013.

Les renouvelables représentent dorénavant plus de la moitié des nouvelles capacités de production d'électricité installées dans le monde. Conséquence mécanique de ce développement, le coût de production du photovoltaïque a rapidement décru, passant d'un peu plus de quatre dollars le watt en 2007 à moins d'un dollar aujourd'hui[22].

Un tel développement s'explique autant par des impératifs de sécurité énergétique, de transition énergétique et de développement économique que par les politiques de lutte contre les changements climatiques. Avant de sombrer dans le gaz de schiste, le président Obama résumait ce défi en 2009 : « Nous avons donc un choix. Nous pouvons rester le premier importateur mondial de pétrole, et envoyer notre argent et nos richesses à l'étranger, ou nous pouvons devenir le premier exportateur mondial d'énergie propre. Nous pouvons laisser nos concurrents s'emparer des emplois du futur, ou nous pouvons saisir ce qu'ils ont déjà reconnu comme la meilleure opportunité de notre ère. La nation qui détiendra le leadership des énergies propres sera la nation qui mènera l'économie mondiale du XXI^e^ siècle[23]. »

22. Données extraites du 12e rapport annuel sur l'état du photovoltaïque dans le monde (PV Status Report 2013), établi par le Centre commun de recherche de l'Union européenne (JRC, pour Joint Research Center), 2013.

23. *Ibid.*

Sauf que, en dépit de ce succès mondial, aux États-Unis et en Europe l'industrie photovoltaïque fait face à une crise sans précédent : de nombreuses entreprises déposent le bilan, les autres tentent de faire face avec des marges extrêmement réduites. Car Pékin nourrit depuis quelques années une véritable bulle grâce à un dumping agressif, en subventionnant massivement ses capacités nationales de production de panneaux. Résultat, elle génère des surcapacités mondiales de production d'au moins 40 %, et les prix de vente dégringolent. De 0 % en 2007, elle s'accapare plus de 70 % du marché européen cinq ans plus tard[24].

En France, la situation est déjà morose. Tout à son obsession nucléaire, le gouvernement Fillon a raboté ici et là les dispositifs de soutien aux renouvelables. En 2010, à la différence de nos voisins chez qui la concertation avec les acteurs est la règle en matière d'évolution des tarifs, le gouvernement décide seul d'un moratoire qui casse la filière. Au total, ce sont 28 000 emplois qui sont détruits dans les renouvelables entre 2010 et 2012[25]. Sans d'ailleurs susciter de réactions outrées du Medef et des syndicats. Il est vrai que ce ne sont que des PME et que les salariés ne pointent pas chez EDF : ils peuvent tous sombrer dans un silence assourdissant ! En

24. *Ibid.*
25. Syndicat des Énergies Renouvelables, 2013.

2012, Photowatt n'a dû sa survie qu'à son rachat *in extremis* par EDF en pleine campagne présidentielle. Les dernières entreprises industrielles du secteur et leurs 3000 emplois sont directement menacés.

L'offensive chinoise modifie profondément les filières photovoltaïques en Europe : sauf mesures anti-dumping, les activités industrielles disparaîtront pour ne laisser sur nos territoires que les activités amont (principalement la Recherche et le Développement) et aval (services de commercialisation, installation, maintenance et recyclage). Ces activités ne sont pas marginales, puisqu'elles représentent près de 60 % de la valeur ajoutée de la filière et de nombreux emplois. Il n'empêche, acter la fin de toute industrie verte européenne reviendrait à mettre en place une nouvelle division internationale du travail, entre une Chine industrieuse et une Europe des services, à l'exception de l'Allemagne qui – pour combien de temps encore ? – fournit à la Chine les machines-outils qui servent à fabriquer les panneaux chinois !

Une industrie européenne est un gage de développement durable pour l'ensemble de la filière. De même, elle est une valorisation et un débouché indispensables pour maintenir le dynamisme et la capacité d'innovation des centres européens de recherche, comme le très performant Institut National de l'Énergie Solaire créé en 2006 et installé en Savoie. Bref, des territoires entiers de nos pays, encore structurés autour d'industries de pointe, sont concernés.

Ce n'est pas seulement notre souveraineté énergétique et économique qui est ici hypothéquée. Notre souveraineté démocratique est en jeu. L'énergie est une question géopolitique majeure et aucun pays ou continent ne peut se placer sous dépendance d'un fournisseur en situation hégémonique de fait. Qui peut imaginer que l'Europe, après avoir été dépendante de la Russie et des pétromonarchies pour ses importations de pétrole et de gaz, se soumette au bon vouloir du Parti communiste chinois pour assurer son accès à des énergies propres ? Comment admettre que les citoyens européens se retrouvent liés *ad vitam aeternam* à l'innovation chinoise, si la conduite de toute transition énergétique digne de ce nom est laissée à un pays tiers ? Retrouver le contrôle de l'économie, c'est aussi réduire cette distance parfois destructrice entre la production et la consommation que nous impose la mondialisation.

## L'Europe, socle de la reconversion industrielle

La réponse ne peut être qu'européenne si l'on veut soutenir la recherche et l'innovation, favoriser l'accès au financement et préparer la réorganisation industrielle du secteur photovoltaïque autour de quelques grandes unités européennes et d'un réseau très compact de PME et d'ETI innovantes. Plus largement, la réponse ne peut être qu'européenne si l'on veut un jour parvenir à privilégier, pour une partie des marchés publics, des produits et services provenant d'entreprises européennes et locales. La préférence communautaire doit permettre une synergie efficace entre les territoires et les industries de demain, au service d'une énergie propre et créatrice d'emplois.

Hélas, dans le même temps, le débat sur le photovoltaïque chinois démontre les défaillances majeures de l'Europe : absence de politique industrielle commune au service des secteurs d'avenir et des objectifs de l'Union en matière de lutte contre les changements climatiques et de renouvelables; absence de politique de relance par l'investissement qui laisse certains États-membres devenir dépendants des investissements chinois et de leurs intérêts géostratégiques; division des États-membres et abandon de souveraineté énergétique, industrielle et démocratique au profit d'une puissance qui ne partage pas, loin s'en faut, les exigences démocratiques et de développement durable de l'Europe.

Notre continent est déjà confronté à une désindustrialisation massive qui menace de déstructurer en profondeur nos sociétés, nos économies et nos territoires. Comment ne pas voir l'absurdité qu'il y aurait à abandonner l'une des grandes industries du siècle à venir, dès aujourd'hui innovante, créatrice d'emplois et compétitive lorsqu'elle est en situation de concurrence loyale ? Face au mur du chômage, l'économie verte doit aussi assumer sa part de responsabilité et offrir des réponses concrètes aux pertes d'emplois dans l'automobile, la chimie, la sidérurgie, les énergies nucléaire et fossile. Pour cela, je défends l'accès « qualifié » au marché européen, « qualifié » en matière de droits sociaux, de normes environnementales ou fiscales. J'y reviendrai. La fiscalité, que ce soit aux portes de l'Union européenne comme aux niveaux national et local, peut aussi être une arme déterminante pour dynamiser notre industrie.

## Automobile : un symbole en crise, une industrie à réinventer

Dire que la filière automobile va mal est d'une dramatique banalité. D'un côté, les plans sociaux, les fermetures de sites et les délocalisations, la chute des ventes malgré les aides publiques. De l'autre, les factures de carburants toujours plus élevées, les déplacements plus nombreux, les automobilistes captifs qui se considèrent comme les vaches à lait d'un État accro aux recettes fiscales. Enfin, les émissions de gaz à effet de serre qui continuent de grimper, les milliers de morts liés aux particules fines du diesel, l'air des villes toujours plus irrespirable. Depuis 2009, l'État français a mobilisé près de 10 milliards d'euros pour soutenir la filière automobile. Quel est donc ce pacte automobile dont le résultat n'est que chômage et désindustrialisation ? En quoi a-t-il permis de repenser les stratégies d'innovation et de développement industriel ? A-t-il contesté la stratégie de délocalisation entamée depuis 2002 par Renault pour ses véhicules low-cost ?

L'industrie automobile française cherche une bouffée d'oxygène et se restructure dans la douleur. En posant trop souvent la question de la compétitivité autour du seul coût du travail, les grands groupes automobiles exigent toujours plus de flexibilité de la part de leurs salariés, des équipementiers et des sous-traitants, tous financièrement touchés et sous la menace permanente des délocalisations. J'ai constaté chez New Fabris à Chatellerault, aux Fonderies du Poitou à Ingrandes-sur-Vienne ou à la SBFM à Lorient les dérives malsaines de la sous-traitance automobile, où le donneur d'ordres quasi exclusif n'assume pas ses responsabilités de pérennisation des sites, voire impose des prix qui sont ceux des pays vers lesquels il projette de délocaliser. C'est une impasse. L'automobile est un symbole en crise, un modèle industriel obsolète à réinventer.

Personne n'échappe aux campagnes de publicité des constructeurs automobiles qui usent et abusent des arguments écologiques pour nous faire croire que le respect de l'environnement est au cœur de leur stratégie industrielle. C'est malheureusement faux : les investissements ne visent pas prioritairement l'efficacité et donc la sobriété des moteurs. Depuis trop longtemps, notre industrie automobile s'est réfugiée derrière le diesel qui bénéficie d'une fiscalité incitative sur mesure. Elle s'est mobilisée contre toute réglementation ambitieuse sur les émissions de $CO_2$ des véhicules alors que les émissions liées à l'automobile explosent pour représenter 14 % des émissions en France[26]. Depuis trop longtemps, la consommation énergétique réelle des voitures diffère de celle affichée sur les étiquettes par les constructeurs à l'achat. Et depuis trop longtemps, les constructeurs automobiles trompent consommateurs et décideurs.

## Une autre automobile est possible !

Bien sûr, nous, écologistes, donnons la priorité à la mobilité douce, accessible, moins chère, moins polluante, plus conviviale : les transports collectifs, l'inter-modalité (car, train, bus, tram, métro...), la marche et le vélo sur les

26. *Source* : Transport and Environment, 2009.

courtes distances, les nouveaux usages (covoiturage, autopartage...)... Mais l'automobile est un moyen de transport central, reste un symbole d'autonomie et de liberté, et incarne encore souvent la puissance et le statut social.

On ne m'enfermera pas dans une caricature « antivoiture » parce que je me bats pour que les constructeurs produisent des véhicules sobres, efficaces et accessibles. Je travaille depuis longtemps sur ce sujet avec les consommateurs, les syndicats, les associations de sécurité routière. Ils sont partisans d'un tel tournant.

Depuis des lustres nous dénonçons le traitement d'une crise structurelle par des mesures conjoncturelles essentiellement axées sur le maintien artificiel de la demande. Cependant l'échec actuel de la filière automobile est dû à l'aveuglement des grands groupes et de l'État, qui s'obstinent à poser la question de la compétitivité en des termes anciens.

La concurrence ne se fait déjà plus seulement entre les grandes marques que nous connaissons bien. Elle se fera de plus en plus avec des entreprises qui dominent les nouvelles technologies du secteur de l'information et des télécommunications. Les bus 100 % électriques de l'entreprise chinoise BYD circulent aujourd'hui dans les rues de Francfort, Copenhague ou Bruxelles. En France, l'entreprise PVI tente courageusement d'occuper ce créneau. Avant de se lancer dans l'automobile, BYD était le numéro deux mondial des batteries et écrans LCD pour téléphones portables. En position de force, ces entreprises sont capables de proposer des solutions intégrées et innovantes de mobilité aux collectivités locales.

Je défends au fond l'adaptation de la filière automobile aux enjeux de ce siècle pour maintenir une industrie européenne dynamique. Cette modernisation ne peut passer par les seuls véhicules électriques ou hybrides, marginaux aujourd'hui. Elle doit aussi concerner les motorisations classiques, essence et diesel. Et plutôt que de nier les surcapacités structurelles de production en Europe et constater, passifs, les fermetures de sites, nous proposons la reconversion de ces capacités vers les filières renouvelables et des transports collectifs, beaucoup plus intensives en main-d'œuvre, ou de nouvelles activités auto comme la déconstruction et le recyclage.

## $CO_2$ mon amour ?

En 2008, l'Europe tente enfin d'imposer des normes contraignantes d'émissions de $CO_2$ pour les voitures circulant dans l'Union. Objet de toutes les attentions, la lutte contre les changements climatiques doit aussi s'inscrire dans le secteur des transports dont les émissions ne cessent de progresser. Cette volonté d'encadrer les émissions des voitures n'est pas nouvelle. Dès 1995, l'Union européenne vise un objectif de 50 % de réduction des émissions provenant des véhicules dans un délai de dix ans[27]. Soumise à une pression considérable de l'industrie, la Commission recule et accepte de valider un accord volontaire des constructeurs automobiles européens qui les engage à réduire à 140 grammes de $CO_2$ par kilomètre parcouru d'ici 2008 les émissions moyennes de leurs véhicules neufs. Échec patent puisque, en 2006, les constructeurs atteignent à peine la moitié de leurs objectifs. Au mépris de leurs promesses, ils n'ont jamais cessé de développer et de commercialiser des voitures plus rapides et plus puissantes, donc plus lourdes et plus gourmandes en carburant.

Sous la pression d'Angela Merkel, tout acquise aux intérêts des groupes allemands et de leurs grosses berlines, et avec la complicité de Nicolas Sarkozy, la directive européenne est malheureusement vidée de sa substance : 120 grammes de $CO_2$ par kilomètre pour 2015, 95 pour 2020, avec de multiples dérogations, exemptions, flexibilités et tests truqués... Bref, les constructeurs allemands ont gagné dix ans. Mais ce sont dix ans perdus dans la lutte contre le dérèglement climatique, la réduction des fac-

27. *In* « Une stratégie communautaire visant à la réduction des émissions de $CO_2$ des voitures particulières et à améliorer l'économie de carburant », Communication au Conseil et au Parlement européen, 1995, COM (1995) 689 final.

tures de carburant, l'innovation et la moindre délocalisation industrielle !

Les constructeurs français, effrayés par leurs concurrents allemands, ratent l'opportunité de renforcer le marché des petites et moyennes cylindrées, sur lequel ils sont bien positionnés, et de se porter à l'avant-garde de la sobriété énergétique sur les marchés mondiaux. Un dirigeant d'un constructeur français me dira qu'à l'époque ils placent leurs espoirs sur la disparition de leur concurrent immédiat, FIAT ! Mais, là encore, les dirigeants européens ont confondu le business plan de leurs « champions nationaux » avec l'intérêt industriel européen. Un dramatique gâchis !

## Sortons du mensonge du diesel !

Il n'est pas sûr qu'en France la réforme de la fiscalité des carburants connaisse un meilleur sort que la réglementation $CO_2$. En tant que membre du comité formé par le gouvernement pour réfléchir à une fiscalité écologique en France, j'ai eu l'occasion de constater à quel point certains n'y voient encore qu'un gage à apporter à mon parti afin de conserver une majorité gouvernementale plurielle ! Pourtant, le problème est tout autre. Comme en Allemagne ou dans les pays nordiques, la fiscalité écologique peut être un levier puissant de modernisation économique et de justice sociale. Il n'est pas question là-bas de taxer toujours plus les citoyens et consommateurs : il s'agit avant tout de créer de nouveaux emplois durables.

Qui peut se satisfaire de la situation actuelle ? Convaincu de faire des économies de carburant, chaque conducteur est en réalité trompé deux fois : à l'achat et à la pompe !

À la pompe parce que la niche fiscale sur le diesel profite principalement aux constructeurs. Il faut parcourir au moins 20 000 kilomètres par an pour amortir une voiture Diesel, ce qui exclut les trois quarts des automobilistes !

À l'achat, parce que les tests destinés à calculer les émissions de $CO_2$ des véhicules sont complètement truqués par les constructeurs afin de minorer leur consommation d'énergie et le $CO_2$ émis, une escroquerie qui représente pour un conducteur régulier un surcoût de 135 euros de carburant chaque année. La différence entre la consommation réelle et la consommation affichée atteint 30 % pour une BMW, 28 % pour une Audi, 27 % pour une Opel et une Mercedes, 16 % pour une Renault ou une Peugeot[28].

---

28. Selon le rapport « Supporting Analysis Regarding Test Procedure Flexibilities and Technology Deployment for Review of the Light Duty Vehicle $CO_2$ Regulations », rendu fin 2012 par the Netherlands Organisation for Applied Scientific Research (TNO), British-based AEA Ricardo et IHS Global Insight (USA).

Piège pour l'automobiliste, le diesel est-il un atout pour les constructeurs ? Loin s'en faut. Cette exception française en matière de carburants (le parc diesel est passé de 5 % du parc automobile en 1980 à 60 % aujourd'hui) est parfaitement inadaptée aux marchés internationaux, comme elle l'est d'ailleurs à nos capacités de raffinage puisqu'elle se traduit par 16 milliards d'euros par an d'importations de gazole. En clair, le moteur Diesel n'a jamais constitué un avantage compétitif international. Pire, cette exception contribue aux problèmes de compétitivité du secteur automobile français !

Le tableau serait plus nuancé si le diesel était un facteur de protection de la planète. Mais là encore, c'est faux. Le diesel est particulièrement dangereux pour la santé et l'environnement, et entraînerait la mort de près de 16 000 personnes par an dans notre pays, soit quatre fois plus que les accidents de la route ! On n'est pas loin du scandale de l'amiante. La logique voudrait que, comme aux États-Unis, la fiscalité diesel soit donc plus forte que la fiscalité essence. Ce n'est pas le cas : le différentiel de 17 centimes d'euro par litre entre la fiscalité diesel et la fiscalité essence coûte 7 milliards d'euros par an de recettes fiscales à la collectivité.

Il faut donc sortir de ce cercle vicieux où les automobilistes, les citoyens, les contribuables, la filière automobile et ses salariés sont perdants. Pour cela, commençons par aligner progressivement les fiscalités de l'essence et du diesel. Allouons le surplus de recettes pour l'État dans une prime au changement de voiture, pour aider les automobilistes piégés par le diesel à en sortir et aller vers l'achat de véhicules dont la consommation est inférieure à 3,5 litres pour 100 kilomètres, émettant moins de 90 grammes de $CO_2$ par kilomètre parcouru. Ce serait une économie annuelle de 500 euros pour chaque automobiliste ! Profitons du fait que les groupes français sont bien positionnés sur les moteurs à faible consommation et faible émission de $CO_2$. Il est aujourd'hui indispensable de rendre compatibles nos objectifs de santé publique, d'écologie et d'aménagement villes-campagnes avec des objectifs industriels. C'est en se dotant d'une véritable ambition sur l'efficacité des moteurs et les bas niveaux d'émission de $CO_2$ et de particules fines que l'on pérennisera une industrie automobile dynamique en Europe.

# 5

# La démocratie économique : une affaire de PME

Alors oui, évidemment, il y aura encore de grandes entreprises, quelques grands patrons au profil de conquérants, aux salaires j'espère ramenés à de plus justes proportions. Mais ces entreprises aux moyens parfois colossaux ne structurent positivement l'économie et l'emploi que si elles s'y inscrivent de manière responsable et durable, en sortant d'une logique trop souvent rentière, hégémonique et prédatrice vis-à-vis des PME. La France compte beaucoup de très petites entreprises (TPE) mais moitié moins d'entreprises de taille intermédiaire (ETI) que l'Allemagne. C'est le maillon faible de notre système productif. Nos PME servent trop souvent de variable d'ajustement en période de vaches maigres. Et lorsqu'elles sont innovantes, elles sont rapidement absorbées pour mettre la main sur les brevets. Bref, pour des grands groupes en situation de rente, pas question qu'une concurrence émerge sur un marché réparti entre quelques acteurs. Le Medef, censé représenter le patronat français, est porteur de cette logique. Il suffit de regarder le taux d'imposition sur les sociétés effectivement payé par les entreprises : les TPE paient autour de 33 %, les PME 22 % quand les entreprises du CAC 40 ne paient que 8 %[29].

Ce dont nous avons besoin aujourd'hui, ce que nous devons construire, c'est un réseau dense d'entreprises de taille petite, moyenne et intermédiaire. Le socle de ce réseau existe déjà, il doit être développé. Les compétences industrielles existent aussi au niveau local. Elles doivent être fédérées, structurées en réseaux de compétences. Dans trop de cas, des PME engagées sur des secteurs en danger ignorent qu'elles ont les produits ou les compétences pour s'insérer dans une filière d'avenir. C'est souvent le cas pour les renouvelables, par exemple.

Cet appel en faveur des PME n'a rien d'original. C'est même un marronnier électoral, qui ressort avant chaque élection. « PME, PME, PME », les candidats n'ont que ce mot-là à la bouche. Elles sont pendant quelques semaines l'avenir de l'économie française. Mais après les élections, retour au *statu quo*. Pourquoi ? Parce que, pour développer les PME, il faut bien souvent s'opposer aux intérêts des grands groupes.

29. Selon un rapport du Conseil des prélèvements obligatoires publié par *La Tribune* le 14 décembre 2009.

Et ça, les grands partis politiques, fondamentalement jacobins, en sont incapables. Pour eux, le progrès c'est forcément les grands groupes, leurs interlocuteurs forcément les grands patrons.

La propriété du capital des entreprises est une dimension absolument essentielle de toute stratégie industrielle. On ne dira jamais assez la perversité de la financiarisation de l'économie que nous connaissons aujourd'hui. Elle crée une distance ravageuse et désincarnée entre la rentabilité exigée par les investisseurs et l'économie réelle, entre la valorisation du capital et la rémunération du travail. Dès lors, les risques de fermeture, de délocalisation partielle ou totale sont énormes car les PME deviennent les premières victimes de la concurrence internationale et de toutes les formes de dumping qui peuvent s'y exercer.

Pour redonner du sens à la production, il faut retrouver une certaine maîtrise du capital des entreprises. Un fonds de retraite recherchant 10 à 15 % de rentabilité annuelle est incompatible avec la rentabilité « normale » de la très grande majorité des secteurs économiques, incompatible avec les investissements de long terme que nécessite toute stratégie d'innovation et de conquête de marché, incompatible avec tout projet de reconversion, incompatible avec l'idée même de formation professionnelle. En Allemagne comme en Italie du Nord, la très grande majorité des PME et des ETI ont un capital essentiellement familial. C'est aussi la clé de leur réussite industrielle : privilégier l'investissement productif, s'inscrire dans le long terme. Adossées à des Caisses d'épargne régionales puissantes, elles développent également des relations de partenariat avec le secteur bancaire, loin de ce que l'on peut constater en France. Ce n'est pas un hasard si, dès la crise de 2008, l'Allemagne combattait le chômage par un programme d'ampleur de chômage partiel, quand la France s'enfonçait dans la défiscalisation des heures supplémentaires et l'intérim.

## Économie Sociale et Solidaire (ESS) : la marche à suivre

Malgré tous ces obstacles, des PME françaises se constituent en réseau avec un certain succès. Et la France bénéficie d'un secteur puissant de l'économie sociale et solidaire qui ne demande qu'à se développer. L'ESS représente déjà 10 % du PIB. Et 10 % de l'emploi en France avec ses 2,3 millions de salariés[30]. Plus que les entreprises du CAC 40 ! Son ancrage territorial, sa capacité d'innovation sociale, sa logique de réseau et bien entendu sa construction démo-

30. Données extraites du Projet de loi sur l'économie sociale et solidaire, présenté en juillet 2013 au Conseil des ministres par Benoît Hamon.

cratique (un salarié ou un sociétaire = une voix) en font un modèle alternatif au modèle dominant. Elle valorise le travail de chacun, réconcilie démocratie économique et démocratie sociale, et finalement donne tout son sens à la liberté d'entreprendre.

C'est la démarche qu'ont voulu initier Gilles Kermoal et Éric Viau lorsqu'ils ont lancé Edi Conso à Trélazé, en banlieue d'Angers. Tous deux fervents militants de l'éducation populaire et engagés au sein de l'association de consommateurs CLCV (Consommation, Logement et Cadre de Vie), ils veulent dès l'origine de leur projet travailler à l'émancipation des habitants d'un quartier populaire, en focalisant leur activité sur des aspects concrets du quotidien comme le traitement des déchets ou le lavage du linge. Mais rapidement, la thématique de l'emploi prend le dessus.

Désireux de dépasser le clivage entre insertion sociale et insertion par l'emploi, ils créent en 1999 une entreprise d'insertion, dont l'objet est l'édition, la production et le conditionnement d'un jeu de société inspiré du Trivial Pursuit, œuvrant à l'information des consommateurs. Mais par qui le faire fabriquer? La réponse est pour eux évidente : par les habitants même du quartier et des alentours, et en priorité des gens éloignés durablement de l'emploi. Rapidement, Edi Conso propose 50 emplois à temps plein, avec un taux de sortie « réussie » de 60 %, CDI à la clé.

Mais leur développement est rapidement freiné par les institutions qui l'ont permis au départ. Edi Conso, passée en Société Coopérative d'Intérêt Collectif (SCIC) afin de faire entrer des collectivités dans son capital, se retrouve à court de moyens car celles-ci ne peuvent hélas financer l'entreprise à plus de 20 %. C'est le cas notamment d'Angers Métropole, pourtant particulièrement enthousiaste à l'idée de s'engager dans une telle démarche. Les dispositifs régionaux, nationaux et européens ne permettent malheureusement pas le soutien durable de ce type d'entreprises. Pour Edi Conso la fermeture est proche.

Aujourd'hui chômeurs, nos deux entrepreneurs sociaux n'ont rien lâché pour autant. Edi Conso est devenue un chantier d'insertion au statut d'association et a développé un projet d'activité novateur : la fabrication, la vente et l'entretien de couches lavables. Les couches, c'est 350 000 tonnes de déchets par an en France, 40 % des déchets d'une famille ayant un enfant de zéro à deux ans[31]. C'est aussi un coût très lourd pour toutes les crèches municipales. Loin des caricatures de la couche lavable impraticable, leur couche a été élaborée avec les professionnels des crèches pour la rendre

---

31. http ://www.planetoscope.com/developpement-durable

très pratique à l'usage. La dynamique reste la même, ancrée dans l'ESS et fidèle au triple objectif social, économique et territorial. Malgré l'intérêt de la démarche et la qualité de l'entreprise, il n'est pas sûr qu'ils trouvent un partenaire pour investir et développer leur activité. On mesure là combien les outils d'aide aux entreprises sont mal adaptés aux entreprises qui, loin des discours, mettent en pratique l'économie au service du social et la satisfaction du bien-être collectif sur un territoire donné.

## Un pacte pour les PME maintenant !

Le Pacte pour les entreprises locales que portent les écologistes peut contribuer à structurer un nouveau tissu économique beaucoup plus dynamique. À condition qu'il soit le cœur de la politique industrielle et qu'il concentre enfin les moyens publics sur les PME, que ce soit en matière de recherche, de formation, d'accès au crédit ou de soutien à la trésorerie. Il faut stopper la discrimination dont sont victimes les PME. Osons rompre avec la fiscalité actuelle en la renversant, pour instaurer une fiscalité progressive en fonction des bénéfices, avec un bonus pour les entreprises de l'économie sociale et solidaire.

Il est tout aussi urgent d'accroître significativement le coût des stratégies prédatrices *via* un arsenal réglementaire renforcé : obligation de vendre lorsqu'il existe des solutions de reprise ou de maintien d'activité, soutien au rachat par les salariés, droit de préemption des salariés en cas de cession, obligation de maintien d'au moins cinq ans dans le capital d'une entreprise pour bénéficier des aides publiques, protection « à l'allemande » des PME innovantes contre les logiques d'absorption-disparition... La fiscalité notamment doit favoriser le financement de long terme et sanctionner les logiques spéculatives.

Un fonds spécifique de conversion écologique doit voir le jour, soutenu par la nouvelle Banque Publique d'Investissement et la Banque européenne d'investissement. Géré par les régions pour garantir la cohérence, la complémentarité et la stimulation des bassins d'activités, il aura pour mission de soutenir la multitude de projets d'évolution des PME dans les secteurs d'avenir et leur structuration en réseau.

Trop souvent les salariés craignent le changement d'activités et la conversion industrielle. Ils ont raison, tant les promesses non tenues sont nombreuses et la précarisation réelle. Même dans des situations absurdes et terribles pour eux (AZF, Metaleurop), certains salariés s'opposent aux écologistes. Les syndicats évoluent, les écologistes affinent leurs propositions, mais reconnaissons que la confiance dans le secteur industriel n'est pas encore totalement établie.

Pour protéger la planète et l'humanité il faut pourtant changer. Mais pour changer, il faut protéger les acteurs de la transformation. C'est pourquoi l'idée d'un revenu de conversion, accompagnant les salariés lors de la transition, est une piste à développer. Ça ne résoudra pas tout : un salarié d'une PME du bâtiment ou de l'hydraulique n'aura jamais le même statut qu'un salarié d'EDF.

Les écologistes doivent donc convaincre que la transition écologique, aussi créatrice d'emplois soit-elle, ne se fera pas au détriment des droits sociaux. De leur côté, les syndicats ne doivent pas bloquer la transition énergétique pour protéger le statut des salariés du nucléaire. Reste une question lourde : les syndicats sont mieux organisés et représentés dans les grandes entreprises que dans ces PME au cœur de la modernisation de l'économie. Il y a là un chantier majeur d'évolution du syndicalisme français, déjà engagé par les principales centrales, qui déterminera largement la démocratie sociale de demain. J'y reviendrai.

Autre mesure clé en faveur des PME : leur réserver une partie des marchés publics qui représentent 17 % de notre économie[32]. Il est totalement absurde de poursuivre la logique européenne fondée essentiellement sur les cri-

32. Selon l'Observatoire Économique de l'Achat Public dans sa lettre d'avril 2012.

tères du moins-disant et de prétendue bonne gestion des finances publiques. Ce système progresse lentement sur la prise en compte de critères sociaux et environnementaux. Mais il interdit toute préférence géographique. Aux États-Unis, 23 % des marchés publics sont réservés aux PME dans le cadre du *Small Business Act* et certains secteurs comme la sidérurgie bénéficient du programme *Buy American*.

Quand les États sont essorés financièrement et ont des capacités réduites d'investissement, s'interdire d'utiliser les marchés publics à des fins de stratégie industrielle est suicidaire. L'Europe a scandaleusement fait condamner par l'OMC l'État de l'Ontario au Canada parce qu'il privilégie, dans sa stratégie de sortie du charbon, les entreprises locales de production de renouvelables ! En France, le plan de sauvetage du photovoltaïque du ministère de l'Écologie comprend la préférence géographique européenne pour les panneaux quand dans le même temps, à Bruxelles, le ministère des Finances soutient l'interdiction d'une telle préférence ! Là encore, ce sont les grands groupes mondialisés qui fixent l'agenda réglementaire.

Je me suis souvent senti seul au Parlement européen pour défendre la possibilité que l'argent du contribuable bénéficie aussi aux entreprises locales ! Combien de fois ai-je pu constater l'absurdité de notre organisation économique qui conduit à la faillite d'entreprises prometteuses. Vertaris à Grenoble s'était spécialisée dans le recyclage et la production de papier. Soutenue financièrement par toutes les collectivités locales, elle n'a pas réussi à s'imposer sur le marché du recyclage : toutes les collectivités territoriales vendaient leurs vieux papiers à Veolia qui les exportait... en Chine. Près de Clermont-Ferrand, j'ai vu l'incroyable guerre que menait Veolia, encore elle, à la petite entreprise Sélectis coupable de créer de la richesse et de l'emploi en triant et recyclant les déchets du bâtiment. Faudra-t-il attendre un nouveau Poujade pour défendre les « petits contre les gros » ? C'est à nous écologistes de montrer au monde de la petite entreprise qu'il est le pilier de notre vision d'avenir.

## Les territoires et l'Europe sont les deux piliers de la transition écologique

La transformation écologique de l'économie passe par la décentralisation. Décentralisation de l'économie, nous venons de le voir. Décentralisation politique également. C'est au plus près des territoires que les pouvoirs politiques peuvent identifier et contribuer au développement des potentiels locaux, qu'il s'agisse des ressources énergétiques locales comme le bois, des modes de transports alternatifs à la route comme le transport fluvial, des savoir-faire industriels spécifiques utiles aux industries vertes, la circulation et le réemploi des matières, etc. C'est tout l'enjeu de l'économie circulaire. C'est aussi celui d'une intégration enfin réussie entre la recherche et l'innovation d'un côté, leur développement industriel de l'autre.

C'est au plus près des territoires que l'on peut accompagner les petites entreprises. C'est au plus près des territoires que l'on construit des politiques publiques efficaces, adaptées au contexte social et économique local. Encore faut-il que la gouvernance y soit exemplaire, qu'elle associe toutes les parties prenantes, notamment la société civile, les syndicats et les entreprises, afin de garantir la cohérence des différentes politiques et stratégies d'acteurs et de favoriser les activités et les emplois verts, et non pas la corruption ou les rentes vertes. Il y a urgence tant le tissu économique est en train de se déliter dans les zones rurales, les zones périurbaines et certaines petites villes.

Les compétences des régions en matière de formation, de recherche et d'innovation liées aux bassins d'activité doivent être renforcées. Ce sont deux secteurs sur lesquels la France est gravement en retard par rapport à ses partenaires et concurrents. Loin des États-Unis, de la Corée ou de l'Allemagne en matière de recherche, y compris de recherche appliquée et de mise au point de prototypes, loin de ses principaux partenaires européens en matière de formation professionnelle.

Il en est de même de la compétence industrielle et énergétique. C'est à cette échelle que peuvent se construire, comme en Allemagne, au Danemark et ailleurs, des stratégies de réindustrialisation associant tous les partenaires nécessaires. La logique des territoires doit remplacer le fantasme de la planification centralisée par l'État.

Le fait que j'insiste sur la dimension locale et régionale ne signifie pas forcément tomber dans le « localisme ». C'est en prenant en compte le local que le niveau européen prendra tout son sens et toute sa légitimité.

Ainsi, pour atteindre l'objectif d'un système électrique basé à 100 % sur les énergies renouvelables, la construction d'un grand réseau européen de transport de l'électricité, articulé avec des réseaux locaux intelligents, me semble fondamentale. Certains renouvelables sont en effet intermittents : il n'y a pas toujours suffisamment de soleil ou de vent pour faire fonctionner à plein les panneaux solaires ou les éoliennes. D'autres renouvelables comme l'hydraulique ou la biomasse peuvent alors prendre le relais. Mais il n'y a pas de ressources hydrauliques partout, il n'y a pas de biomasse en grande quantité dans chaque région française ou européenne. Et quand le vent ne souffle pas dans le sud de la France, il peut souffler dans le nord de la Pologne. Quand le soleil ne brille pas en Allemagne, il peut briller en Grèce. Nous avons besoin d'un réseau électrique européen pour coordonner les sources locales d'énergies renouvelables. Ce réseau symbolise la nouvelle articulation nécessaire entre les échelons les plus pertinents, qui met en synergie les collectivités locales et l'Union européenne.

De même, l'échelle européenne est cruciale car la transformation écologique se déroule dans un contexte mondialisé. Si de nombreux secteurs économiques verts sont par nature non délocalisables, certaines filières industrielles sont quant à elles soumises à la concurrence internationale. Nous l'avons vu dans le cas du photovoltaïque : c'est l'échelle pertinente lorsqu'une protection aux frontières est utile.

On ne saurait trop le répéter : la réponse ne peut être qu'européenne si l'on veut soutenir la recherche et l'innovation, favoriser l'accès au financement, préparer la réorganisation industrielle des secteurs qui ont une absolue nécessité d'évoluer et créer l'espace de développement des nouveaux secteurs.

Quel avenir pour STX à Saint-Nazaire et les chantiers navals français si l'on n'arrête pas au plus vite la concurrence suicidaire que se font les derniers chantiers européens ? Si l'on ne soutient pas la construction de navires et de paquebots plus économes en carburant ? Si l'on ne met pas en place de grandes filières de déconstruction des navires en fin de vie plutôt que de les envoyer se faire démanteler dans des conditions abominables en Asie du Sud ? Si l'on ne met pas enfin les armateurs autour de la table et devant leurs responsabilités puisque ce sont eux qui commandent la construction de navires dans le monde ? Si l'on ne répond pas aux nouveaux besoins comme les barges pour installer et entretenir l'éolien off-shore ou les navires pour le transport des marchandises par cabotage sur les autoroutes de la mer ?

La France, comme tant d'autres pays, est confrontée à l'essoufflement de son modèle de développement productiviste. La construction d'un nouveau modèle ne peut se faire qu'avec la société, car aucune élite, aucun expert ne sait aujourd'hui à quoi ressemblera précisément le modèle de demain. C'est tout l'enjeu d'une démocratie économique. La France doit pour cela rompre avec le jacobinisme, le colbertisme et l'étatisme qui l'asphyxient.

## 6

# De la démocratie économique à la démocratie sociale

Pour trop de dirigeants politiques acquis à la financiarisation de l'économie, la compétitivité se construit aujourd'hui sur le seul coût du travail. Je pense à l'inverse que le renforcement et la modernisation de notre économie, comme la densification de l'activité industrielle, agricole et de services sur nos territoires, passent par la démocratie économique. C'est-à-dire notre capacité collective à décider de nos véritables besoins et de la production qui en découle, à réorienter fortement nos politiques de soutien à l'économie sur de nouveaux critères : qualification des salariés, sobriété en ressources et en carbone, innovation et qualité des produits et des services, PME... La valeur travail ne se définit pas sans les salariés. La valeur travail, ce sont les salariés.

L'exemple de Bosch Vénissieux démontre que la démocratie sociale est le corollaire indispensable à la démocratie économique. Ce sont les salariés eux-mêmes qui ont pris l'initiative de rassembler tous les acteurs autour de la table pour répondre à la question : que produire ? comment ? avec qui ?

Pour produire de l'intelligence collective dans l'entreprise, il faut renforcer le pouvoir des salariés. L'histoire sociale, particulièrement en France, est marquée par les conflits. Bien sûr, les intérêts des salariés et des actionnaires diffèrent ! Mais le niveau de conflits s'explique aussi par la mauvaise qualité de notre démocratie sociale. Quand les salariés apprennent dans la presse que leur site est condamné, la situation ne peut être que conflictuelle. C'est pourquoi il est urgent de renforcer la présence des salariés dans les instances dirigeantes des entreprises, en occupant 50 % des sièges au conseil d'administration. L'Accord National Interprofessionnel (ANI) voté en France l'an dernier a ouvert un espace de décision à la démocratie sociale. Mais en n'accordant que deux sièges aux employés dans les sociétés de plus de 500 salariés, cet accord rate l'occasion formidable de changer radicalement l'état d'esprit dans les entreprises. La démocratie sociale, comme la démocratie économique, ne peut plus reposer sur les épaules de l'État, auquel les citoyens auraient délégué tous les pouvoirs.

À l'inverse, si la conversion industrielle de l'usine de Vénissieux a pu réussir, c'est parce que les salariés et les dirigeants ont dialogué pendant un an, faisant ainsi jaillir par l'intelligence collective une solution innovante. Écartant tout immobilisme, ils ont cherché des alternatives au conflit frontal. C'est en ouvrant un « espace de médiation » qu'ils ont identifié les panneaux solaires comme un produit d'avenir pour l'usine et correspondant aux compétences des employés. Et, en 2011, tout le monde a finalement gagné à la discussion : les ouvriers qui conservent leur emploi, la direction qui profite de leur savoir-faire pour renforcer ses positions sur un marché porteur. Créer des espaces de médiation, c'est encore une leçon de Vénissieux. Et certainement la plus difficile à reproduire. Car si on peut forcer des personnes à se mettre autour d'une table, on ne peut les forcer à être constructifs, à partager leurs informations, à chercher ensemble une solution. Au-delà des rapports de force, il faut construire de la confiance.

Les Français ont besoin de se réconcilier avec les entreprises. Mais pour cela, les entreprises doivent se réconcilier avec leurs salariés. Cette transformation reste à bâtir, mais nous connaissons le chemin.

Des rapports de force équilibrés, un modèle économique « définanciarisé », de la médiation, une production porteuse de sens... Voilà le meilleur moyen de redonner du sens au travail. Un salarié, une voix : faisons la promotion de toutes les formes de participation des salariés !

Forte de ses deux millions de salariés, l'économie sociale et solidaire a jeté les bases d'une démocratie sociale rénovée pour adapter notre modèle économique aux mutations en cours, de la mondialisation à la raréfaction des ressources. Une démocratie sociale refondée pour une économie résiliente, qui s'extrait du faux dilemme « État ou marché mondialisé ».

## L'insupportable tabou de la souffrance au travail

Pour un Bosch Vénissieux, combien de Pétroplus et de PSA, combien d'employés sacrifiés du jour au lendemain, combien d'usines qu'on laisse mourir sans anticiper les mutations économiques à l'œuvre, à commencer par la transition écologique ? La logique managériale issue de la financiarisation de l'économie vise à remplacer les travailleurs par des robots et à robotiser les derniers travailleurs. Il faut faire vivre la démocratie sociale pour préserver et créer des emplois, et en particulier des emplois verts. Il faut faire vivre la démocratie sociale, aussi, pour combattre un mal qui ronge notre société : la souffrance au travail. Car de la même manière qu'un financier se croit parfois meilleur stratège industriel que des cadres et employés expérimentés, un manager organise trop souvent les salariés comme il gérerait un flux, comme s'il s'agissait de machines, avec le stress comme élément de stimulation.

Cette souffrance au travail, elle est évidemment physique. C'est celle des cancers dus à l'amiante, celle des troubles musculo-squelettiques ou des accidents du travail dans l'industrie. C'est celle des manutentionnaires et des métiers du bâtiment, des personnels soignants, des caissières, celle des agriculteurs et des ouvriers agricoles exposés aux substances chimiques, celle des travailleurs aux horaires décalés.

C'est aussi le stress qui touche un Européen sur quatre : la honte et la peur du déclassement professionnel et social, la tension engendrée par la pression du temps, les relations sociales dégradées, le manque de reconnaissance, l'insatisfaction au regard d'un travail qui a perdu son sens.

Quel sens donner à son travail quand, pour compléter un salaire fixe trop faible ou parce que c'est la consigne, on prétend coller au besoin du client pour sa télévision ou son produit financier, alors qu'on lui vend ce qui est le plus rentable pour l'entreprise et ce qui rapporte le plus de primes ? L'intérêt pour le travail, la connaissance du produit, l'autonomie ne sont plus valorisés. Et ne croyons pas que les managers, ceux qui font appliquer ces règles déshumanisantes, sont toujours mieux lotis. Ils n'ont souvent pas décidé ces règles. Ils sont pris entre le marteau et l'enclume : les collègues dont ils sont responsables et qui souffrent de manière chronique, les objectifs chiffrés qui sont trop souvent inatteignables, et l'organisation du travail imposée d'en haut.

Le travail n'a plus de sens pour beaucoup de Français et d'Européens. Car ils attendent beaucoup de leur travail, ils veulent s'y épanouir, ils mettent beaucoup d'eux-mêmes en jeu. Voilà la véritable « valeur travail » dans notre pays. Le travail devrait être une fierté mais trop souvent il n'est qu'une contrainte ou, pire, il fait honte. Le désenchantement au travail, il vient aussi de là. On ne peut y répondre à coups de slogans contre-productifs comme « travailler plus pour gagner plus ». Il n'est pas suffisant de se concentrer sur le montant des salaires ou le temps de travail. Si nous avons porté à juste titre le partage du temps de travail, reconnaissons que la réforme des 35 heures n'a pas suffisamment posé la question des conditions de travail, que la réduction s'est trop souvent traduite par une flexibilité, une intensité et une précarité accrues.

Bilan des courses, la souffrance au travail serait due pour quatre Français sur cinq à la pression accrue de la hiérarchie, au manque de reconnaissance de la part de cette même hiérarchie et à des délais de plus en plus courts. Construire la valeur travail, c'est garantir les conditions de l'épanouissement de tous au travail.

Je cite François Desriaux : « Si l'on veut prévenir les risques psychosociaux, c'est le travail qu'il faut soigner en priorité. C'est le travail qu'il faut adapter à l'homme et à la femme et non l'inverse. » Comme nous faisions campagne ensemble contre l'exportation du porte-avions *Clemenceau* en Inde, ce président de l'Andeva (Association nationale des victimes de l'amiante) m'avait expliqué l'étendue de ce mal-être et toute la difficulté pour notre société d'en parler.

## La souffrance au travail, une affaire collective

Malheureusement, à l'image des accords sur le stress en entreprises que le gouvernement Fillon avait impulsés après la vague de suicides à France Télécom, on met trop souvent l'accent sur les fragilités individuelles, et on occulte les vraies raisons du stress : la recherche de rentabilité maximale qui pousse à l'intensification du travail, son individualisation, sa standardisation, les objectifs fixés délibérément au-dessus du possible, la manutention répétitive. Si la France a la plus forte productivité du travail en Europe, n'oublions pas qu'elle a aussi le niveau le plus élevé de souffrance au travail, ainsi que le record mondial de consommation de psychotropes et autres antidépresseurs.

Face à la concurrence, face aux taux de rentabilité irréels exigés par les marchés financiers et parfois aussi par des PME familiales, le travail s'intensifie. Faire plus en moins de temps, à moindre coût, avec moins de salariés. Gagner en productivité. Voilà les objectifs. Cela peut se faire avec les salariés, mais cela se fait souvent contre eux.

On rêve de gains de productivité « doux », qui ne pressurisent pas les salariés, à l'image des nouvelles technologies de l'information qui devraient permettre de partager plus rapidement l'information. Mais ce sont ces mêmes technologies qui fliquent les salariés et chassent les secondes jugées improductives dans les usines, qui décident pour un salarié d'un centre d'appel quand il peut prendre quelques minutes de pause, et quand il doit raccrocher avec un client, même si ce dernier n'a pu être satisfait au bout des trois minutes réglementaires. Sans espace de discussion et de médiation au sein des entreprises, il devient impossible de distinguer les gains de productivité « doux », qui rendent autonomes les hommes et les femmes, de ceux qui les insécurisent. La démocratie sociale doit permettre d'organiser les premiers et de s'opposer aux seconds.

Le travail s'intensifie, et il s'individualise. Les nouveaux managers promettent l'autonomie, en pratique c'est l'individualisation des horaires, la segmentation des tâches. Et si on a la chance de se croiser à la machine à café, malgré l'individualisation des temps de pause, on retrouve collé juste à côté le tableau de performance de la semaine. La compétition. Qui a vendu le plus de postes de télévision? Qui a fait la plus grosse marge? Qui gagne? Qui perd? Cette course au rendement humain maximal passe par des évaluations de performances personnelles plutôt que collectives, la concurrence devient financière avec l'individualisation des salaires. Le vendeur se bat pour ses primes individuelles qui peuvent représenter 50 % de son salaire, il ne se bat plus pour et avec le collectif. Dans ces conditions, pas facile de se confier à un collègue quand ça va mal, pas facile de faire de l'intelligence collective pour construire une solution à un problème de production ou pour améliorer l'organisation du travail, pas facile de transmettre un savoir-faire quand le collègue est aussi le concurrent. Les espaces de discussion se réduisent, le débat social est anémié. La promesse d'autonomie ne peut être tenue, c'est l'individualisme exacerbé qui triomphe.

L'ironie, c'est que cette individualisation des salariés va de pair pour nombre de salariés, souvent peu qualifiés, avec une standardisation de leur métier, avec moins d'autonomie. Car pour produire plus, on ne fait pas que standardiser les produits. On standardise les modes opératoires des salariés. On oublie qu'ils ont chacun des compétences propres et on nivelle par le bas. Il n'y a rien de plus triste que les appels des commerciaux qui travaillent pour certains opérateurs téléphoniques. Ils sont censés vous proposer par téléphone un nouveau service, adapté à vos besoins. C'est la théorie. En pratique, c'est un texte récité, lu pour la centième fois de la journée, avec la même intonation. Interdiction de déborder du script et obligation de traiter votre dossier en quelques minutes. Ils sont écoutés à l'improviste, pour vérifier que la standardisation opère. On n'est plus très loin des machines vocales avec lesquelles on communique en appuyant sur la touche étoile du téléphone. Les salariés sont considérés comme des machines, qu'on espionne à l'occasion. Des machines qu'on ne forme plus, parce qu'on ne veut pas forcément les conserver longtemps. C'est la négation du savoir-faire, de l'expérience, de l'autonomie, de l'humain.

Répondre à la souffrance au travail passe aussi par une plus grande démocratie sociale. Il faut redonner le droit à l'expression sur l'organisation du travail, il faut réinventer les lois Auroux[33] de 1982. Redonner aux salariés le

33. Lois instaurant de nouveaux droits du travail et renforçant la démocratie sociale dans l'entreprise suivant deux principes : « Citoyens dans la société, les travailleurs doivent

droit à l'expression sur le travail, c'est recréer des lieux et des structures de médiation. Renforcer les compétences des comités d'hygiène et de sécurité (CHSCT) des entreprises, c'est favoriser la prévention et élargir le droit d'alerte. On ne résoudra pas le problème à coups de numéros verts et de formation à la gestion du stress. Il faut restaurer dans les entreprises des capacités d'expression et de débat sur la finalité et l'organisation du travail. Il s'agit de reconstruire des espaces d'échanges, entre salariés d'abord, puis entre les salariés et leur hiérarchie.

L'économie européenne ne s'adaptera pas aux enjeux du XXIe siècle par la baisse du coût du travail. Elle doit devenir une économie de l'intelligence si elle ne veut pas devenir un musée pour touristes du monde entier. Cela passe par le respect, la formation et la qualité de ses travailleurs.

## Pas de démocratie sociale sans partenaires sociaux

La démocratie sociale a besoin d'acteurs sociaux responsables, représentatifs, puissants. Ce n'est pas le cas aujourd'hui. Du côté des

---

l'être aussi dans leur entreprise » et « les travailleurs doivent devenir les acteurs du changement dans l'entreprise ».

entreprises, le Medef continue de s'imposer comme représentant quasi exclusif du patronat. Il représente d'abord les grands groupes et défend avant tout la rente des secteurs économiques traditionnels. Les PME sont un discours, pas un objectif. Avec un taux d'imposition moyen quatre fois plus élevé pour les TPE que pour les entreprises du CAC 40, il n'est pas difficile de constater que le Medef privilégie l'optimisation fiscale des grands au développement des petits. L'État devrait favoriser le dynamisme de la représentation des PME et trouver les dispositifs, y compris financiers, pour favoriser leur participation dans toutes les instances de concertation et décision, du local au niveau européen. La démocratie sociale a besoin de personnes disponibles pour la faire vivre.

Dans un pays où le dialogue social se résume trop souvent à des bras de fer, le déséquilibre actuel entre patronat et organisations de salariés a des conséquences affligeantes. Des usines qui ferment sans anticipation, de la souffrance physique et morale au travail et, bien sûr, des contrats précaires et des salaires qui stagnent pour la majorité : c'est le système tel qu'il apparaît aujourd'hui aux yeux de nos concitoyens. Un champ de ruines sur lequel nul n'a de pouvoir de contrôle et encore moins de possibilité d'être consulté. D'un côté, l'État semble plus impuissant que jamais à réguler les cycles économiques. De l'autre, les syndicats paraissent incapables de peser efficacement sur le droit du travail.

Pour couper avec cette routine mortifère pour les salariés et la société tout entière, les syndicats doivent avoir un rôle renforcé, mais ils doivent aussi se rénover. À l'image de la faiblesse du taux de syndicalisation, le syndicalisme français doit se reconstruire et lui aussi s'adapter aux nouveaux enjeux. Je rencontre assez souvent les syndicalistes pour savoir qu'ils se posent les mêmes questions, agissent au quotidien et tentent d'adapter leurs organisations au contexte économique et social, aux nouvelles conditions de travail, aux nouvelles formes de militantisme.

Je sais qu'ils travaillent à mieux coller aux territoires mais qu'ils sont pris par le modèle jacobin des institutions. L'action collective doit regagner des territoires perdus sous l'effet de la précarisation d'un grand nombre de salariés. S'il est encore possible de se syndiquer quand on a un CDI dans un grand groupe industriel, la tâche est plus difficile pour la barmaid ou le barman d'un pub irlandais. Le monde syndical doit continuer à s'européaniser pour s'adapter aux mutations économiques, se décentraliser pour exploiter ses compétences locales et s'intégrer aux territoires, et ainsi trouver sa place dans une économie qui devra faire la part belle aux petites entreprises.

## Un syndicalisme à la reconquête des travailleurs

Le taux de syndicalisation dans les PME reste par trop embryonnaire pour espérer rééquilibrer la balance. Il est vrai qu'il est aujourd'hui difficile d'être délégué syndical dans une petite boîte, où le paternalisme le dispute souvent à la surveillance rapprochée. La chasse au délégué syndical est hélas une réalité connue de beaucoup de Français. Pour y remédier, les syndicats tentent de penser des représentations sur des bassins d'emplois ou sur des types d'entreprises. La structuration locale des PME autour des complémentarités industrielles, de l'innovation et de la formation doit trouver son pendant en matière d'organisation des salariés. L'État a aussi un rôle à jouer pour garantir un financement transparent et juste des syndicats, à l'image des partis politiques.

L'action collective doit innover pour faire face à la disparition structurelle de sa base militante ouvrière et toucher les nouveaux emplois. Elle doit reconquérir tous les travailleurs, en emploi ou chômeurs, et ceux qui se méfient d'un syndicalisme perçu comme « vieux jeu », adepte de la lutte des classes degré zéro, éloigné des attentes concrètes. Elle doit répondre à l'individualisation de la société, et en particulier des jeunes, sans négliger le fait que ce sont les mêmes jeunes qui s'engagent en politique sous de nouvelles formes, qui inventent un militantisme social et politique en dehors des structures traditionnelles. Les manifestations en 2006 contre le CPE n'ont pas donné lieu ensuite à une recrudescence des effectifs syndicaux, malgré le fait que l'enjeu était directement lié au travail des jeunes. L'époque que nous vivons est riche de nouvelles mœurs de l'engagement politique. Sachons nous en servir pour régénérer nos pratiques collectives.

En renforçant la place de la démocratie sociale dans les entreprises et dans l'économie, les syndicats n'en seront que plus attractifs et donc plus puissants. En Allemagne, la majorité des salariés sont signataires d'une convention collective qui les protège. Dans certains pays nordiques ou en Belgique, la syndicalisation est quasi obligatoire, puisqu'elle permet d'accéder à une mutuelle gérée par les syndicats. Je sais la spécificité syndicale française. On ne refait pas l'histoire. Je crois néanmoins que si l'on veut renforcer la démocratie sociale, une fois la participation des salariés acquise dans la gestion des entreprises, l'État devra peu à peu laisser le pouvoir de négociation et de décision aux acteurs sociaux, la verticalité et la centralité devront progressivement laisser la place à l'horizontalité et aux territoires.

Les grandes conférences sociales initiées par le président de la République sont utiles si elles débouchent sur des réformes structurantes. L'entrée des salariés dans les conseils d'administration et la prise en compte de la pénibilité dans la réforme des retraites vont dans le bon sens mais ne vont pas assez loin pour changer la perception et les conditions du travail. Il est temps qu'une prochaine grande conférence aborde la question d'une répartition choisie du temps du travail, entre les salariés et avec ceux qui aspirent à l'être, comme de la répartition du temps de travail au long de sa vie. Avec 5 millions de personnes sans emploi, l'agenda libéral et productiviste du « travailler plus » ne peut plus être notre seule boussole.

# 7

# *Mad* in France

## La mondialisation dans tous ses états

« Que pense le reste du monde de la France d'aujourd'hui ? » titrait un quotidien français il y a un an. D'où qu'elles viennent, les personnes interrogées mentionnaient chaque fois la peur comme une caractéristique emblématique de la France contemporaine. Cette peur qui prend largement sa source dans son rapport à la mondialisation.

« Produire et consommer français », « made in France », « patriotisme industriel », « protectionnisme », « démondialisation », « retour au franc ou à l'écu »... Les injonctions et les slogans fleurissent. La mondialisation serait-elle la cause de tous les maux de la France, et en particulier du chômage ? À écouter la classe politique française, elle semble l'être. Le débat sur la mondialisation fait donc rage. C'est tant mieux ! À condition de remettre la mondialisation – et le débat qui l'entoure – à sa juste place.

Le processus d'intégration des économies à l'échelle mondiale engagé il y a au moins quatre siècles s'est formidablement accéléré ces dernières décennies, avec l'essor des échanges, des technologies, de la communication, des transports, et la financiarisation de l'économie. Ses conséquences les plus visibles et les plus violentes – la remise en cause des systèmes sociaux, les délocalisations, les cyclones, sécheresses et inondations liés au dérèglement climatique – interpellent chacune et chacun d'entre nous.

Mais il faut voir dans la violence du débat sur la mondialisation d'autres facteurs qui nous déstabilisent encore plus profondément. Longtemps la mondialisation n'a consisté qu'à repousser la « frontière », celle de l'Occident d'abord, par colonisations successives, puis du capitalisme et enfin du libéralisme. Pendant près de quatre siècles, elle s'est faite à notre seul bénéfice, assurant notre développement, notre prospérité et notre protection sociale.

Depuis une vingtaine d'années cependant, nous devons assumer une partie croissante des coûts de la mondialisation car notre hégémonie est légitimement contestée par des puissances émergentes dont les économies et les sociétés, de plus en plus dynamiques et innovantes, viennent casser la division internationale du travail que nous avions cru pouvoir établir définitivement : la qualification, l'innovation et les secteurs les plus rentables au Nord, l'extraction et la première transformation des matières premières, le travail sous-qualifié et à très bas coût au Sud.

Enfin, et c'est sans doute là un enjeu plus spécifiquement français, notre prétention historique à l'universalisme, à peser sur les affaires du monde, n'a plus vraiment les moyens de ses ambitions et se trouve aujourd'hui dans l'incapacité de redéfinir ses champs d'intervention. Faute de pouvoir penser le monde autrement que comme une projection ou un prolongement de ce que nous sommes – ou aspirons à être –, nous craignons la dissolution de la France dans un univers qui nous échappe.

## Le monde tourne sans nous

Le rééquilibrage économique mondial s'accompagne d'une mise en concurrence de plus en plus violente des normes et des conditions de travail. Le résultat permet certes des produits moins chers pour le consommateur français, mais ce sont aussi des salaires qui stagnent et des ouvriers mis à la porte de leurs usines. La mondialisation n'est peut-être pas un jeu à somme nulle, mais il y a aujourd'hui beaucoup trop de perdants. Les perdants, ce sont les moins qualifiés, ceux qui – contrairement à l'imaginaire des économistes – ne deviennent pas architecte, ingénieur, banquier, scénariste ou génie du Net du jour au lendemain. Ce sont ces femmes et ces hommes qui voient leur usine partir en Europe de l'Est, en Afrique du Nord ou en Asie, et qui doivent quitter leurs proches pour espérer retrouver un boulot à l'autre bout de la France. Pour eux, le monde tourne trop vite. Le monde tourne sans eux.

Nous sommes loin, très loin des espoirs que porte l'ouverture au monde. L'espoir de rapprocher les gens, qu'ils apprennent à se connaître, qu'ils cessent d'avoir peur les uns des autres ; qu'on arrête de voir dans le Chinois celui qui nous vole nos emplois industriels et dans le Polonais un plombier en puissance. L'espoir d'une « rencontre des sociétés » contre « le choc des civilisations », cette prophétie autoréalisatrice qui fait le bonheur des faucons de la diplomatie. L'espoir d'une fraternité transnationale, le dépassement des nationalismes, la primauté du droit sur la loi du plus fort, de la solidarité et de la coopération sur la compétition. L'espoir de s'attaquer efficacement à des enjeux qui dépassent les frontières, à commencer par la protection du climat et le maintien de la paix.

Si la mondialisation devait rapprocher les gens, en pratique, trop souvent, elle les éloigne. Elle nous éloigne, quand nous achetons un jean, de l'ouvrier turc malade des produits chimiques qu'il utilise pour lui donner le style délavé. Elle nous éloigne, quand nous achetons une fraise, des migrants saisonniers du sud de l'Espagne traités comme du bétail. Elle nous éloigne des Laogaï, ces usines-prisons en Chine où le travail forcé est la règle mais qui exportent néanmoins en Europe. Elle nous éloigne de ces forêts abattues au Brésil pour importer du soja, de ces orangs-outans décimés pour de l'huile de palme, de cette agriculture vivrière africaine tuée par nos exportations de poulets bas de gamme congelés.

La mondialisation, telle qu'elle existe aujourd'hui, ne rapproche pas les peuples. Elle nous rend aveugles à ce qui se passe là-bas, elle impose à d'autres ce que nous n'accepterions jamais à côté de chez nous ou pour nous, nos proches, nos voisins. Alors, elle n'a plus de sens. Certes, nous n'avons pas attendu la mondialisation pour être aveugles aux conséquences sociales et environnementales de nos comportements économiques : consommer plus et moins cher, accroître la rentabilité de notre épargne. Nous ne l'avons pas attendu pour perdre notre souveraineté sur le système économique. Elle ne fait en réalité qu'amplifier, que projeter au-delà des frontières le système libéral vulgaire qui nie l'humain, l'environnement, le long terme. Le problème, c'est l'absence de mondialisation politique, c'est la faiblesse de l'Europe. Ce sont les carences de la démocratie mondiale et européenne, incapable de remettre de la souveraineté citoyenne sur les marchés.

## La mondialisation : mal absolu de l'économie française ?

Si cette mondialisation libérale doit être combattue, elle n'est pas la cause directe de la crise que nous traversons. La cause, c'est le capitalisme financier que la mondialisation propage, dont elle accélère et accentue les dégâts et les coûts : la quête du toujours plus de profits ne bénéficie qu'à quelques-uns quand, pour la majorité, elle se traduit par plus de prédations, de pollutions, d'inégalités, de pénuries, de corruptions ou de guerres; elle génère un modèle de civilisation fondé sur la frustration et la compétition permanente, où cohabitent le gaspillage, le gâchis, avec le dénuement le plus total.

Ce modèle économique est le résultat de choix politiques, locaux, nationaux, continentaux et internationaux, qui ont progressivement assis la mainmise de l'économie sur la société et, de manière plus ou moins délibérée, ont imposé le libéralisme comme une fatalité contre les formes intermédiaires d'organisation démocratique et citoyenne, en commençant par l'entreprise. Il est aussi le résultat d'une incapacité des organisations politiques et sociales à s'organiser aux échelles pertinentes, du plus local au plus global, des quartiers populaires et des zones rurales à l'Union européenne, face à des acteurs économiques de plus en plus puissants, supra- et extra-nationaux, aux processus de décision délibérément opaques et désincarnés. C'est donc moins la question de la mondialisation que celle de la souveraineté qui devrait être débattue.

La France est l'un des principaux bénéficiaires de la mondialisation. Elle a construit une bonne partie de son développement et de sa prospérité sur son empire, encore aujourd'hui grâce à l'Afrique pour certains de ses grands groupes. Cette dimension mondiale qu'on aimait défendre pour son universalisme s'est aussi bâtie sur la négation des droits humains, sociaux, culturels ou environnementaux. Eh oui, les colonies à qui nous avons dénié tous les droits nous ont permis les grandes lois sociales du Front populaire !

Cette mondialisation, qui lui a permis de peser politiquement au Conseil de sécurité de l'ONU et dans les instances internationales, est maintenant présentée comme le mal ultime dont elle serait atteinte. Elle expliquerait la croissance molle, la désindustrialisation, le chômage massif, la montée des inégalités. Il faudrait donc démondialiser l'économie grâce à une politique nationale protectionniste ou, dans l'optique libérale, organiser l'ajustement de l'économie française sur le moins-disant social et l'environnemental mondial. Les agendas politiques avancent à peine masqués : souverainisme, xénophobie, libéralisme. Le débat français joue de toutes les confusions, abusant des simplifications, s'autorisant les instrumentalisations obscènes et les relents de chauvinisme. La simplification, arme politique de choix, ne permet pourtant ni de juger ni de déconstruire les processus à l'œuvre et, pire, empêche d'agir sur cette réalité.

## L'antimondialisation : une paresse française

Ce concours antimondialisation est inquiétant car il entretient la peur ou le ressentiment vis-à-vis de l'étranger. Il ne répond pas aux craintes légitimes des Français et renforce le fatalisme, la sinistrose, la peur du déclin. À mon sens, le débat est trop souvent caricatural et confère à la mondialisation un poids disproportionné dans les difficultés auxquelles nous sommes confrontés.

Est-ce la mondialisation qui explique que le chômage des jeunes en France est l'un des plus élevés d'Europe ? Qu'on forme quatre fois moins les salariés en France qu'en Suède[34] ? Qu'en dépit d'une plus grande productivité du travail, de salaires et d'une durée de travail équivalant à l'Allemagne, l'industrie française continue de

34. Selon Eurostat.

s'écrouler ? Que la France est le pays qui possède l'une des plus grandes concentrations mondiales de centrales nucléaires, de pesticides, de médicaments, d'autoroutes et d'incinérateurs ?

Pour moi, la désindustrialisation de la France est d'abord le résultat de mauvaises politiques industrielles, de politiques d'innovation et de formation inadaptées. Je considère que notre apathie écologique n'est que le résultat de notre inconséquence.

J'ai souvent entendu, dans la bouche de ceux qui veulent éviter toute réglementation environnementale, l'argument de la compétition mondiale acharnée : « Si vous nous réglementez, on va perdre nos parts de marché, voire être contraints à la délocalisation dans des pays plus souples. » Mais cet argument ne tient pas selon les économistes qui étudient l'impact des régulations environnementales. Surtout, un tel chantage se fait sur le dos des salariés et des citoyens.

## Remettons la mondialisation à sa juste place

La mondialisation n'est pas LE mal de l'économie française. La mondialisation n'est pas partout, n'écrase pas tout. On peut parler de régulation sans craindre la fuite de nos entreprises. On peut agir contre le chômage et relocaliser l'économie sans fermer nos frontières. Remettre en cause cette mondialisation est urgent mais ce n'est pas un prérequis à un meilleur accompagnement des chômeurs, à la création des centaines de milliers d'emplois dans la rénovation des bâtiments ou ailleurs.

Quelques chiffres pour rappeler la réalité : la France produit de l'ordre de 2000 milliards d'euros de « richesse » chaque année. Elle en exporte autour de 550 milliards et en importe près de 600 en 2012[35]. Les deux tiers de ce commerce se font avec le reste de l'UE.

Premier enseignement : oui, la mondialisation des échanges est un élément important de l'économie française. Exportant et important un quart de sa production, la France se doit donc d'être « compétitive ». Mais notons que, aujourd'hui encore, elle doit l'être surtout vis-à-vis des autres pays riches. Casser le modèle social français, adopter celui de la Chine n'ont donc aucun sens : la compétitivité est loin de se résumer à la compétitivité-prix. Plus gravement, résumer la compétitivité d'une économie à celle des salaires, ce que veulent nous imposer les multinationales, est aberrant quand les délocalisations se font vers des pays dont les coûts salariaux sont de trois à trente fois inférieurs aux nôtres.

35. Selon les données de l'INSEE de 2013.

Second enseignement : la France est en déficit commercial depuis quelques années, et ce déficit se creuse dramatiquement. L'augmentation des importations énergétiques n'y est pas étrangère. Mais c'est aussi du côté de l'industrie qu'il faut regarder, elle qui représente les trois quarts de nos exportations et à peu près l'équivalent de nos importations. Ce n'est pas la mondialisation qui explique que le secteur industriel représente encore 23 % de l'économie allemande, 16 % en Italie mais à peine 10 % en France[36], qu'il crée outre-Rhin des emplois alors qu'on en détruit en France. Il faut répondre à ce défi, et les écologistes ont des propositions à faire. Mais gardons à l'esprit que ce déficit est de l'ordre de 2 % de la richesse nationale. Ce n'est pas négligeable. Mais ce n'est pas suffisant pour expliquer la grande stagnation économique que la France connaît depuis bientôt quatre décennies, un taux de chômage au-dessus des 10 % ou la perte de 500 000 emplois industriels entre 2006 et 2011[37].

Arrêtons-nous sur ce dernier chiffre. Presque 100 000 emplois industriels perdus chaque année. Une désindustrialisation qui s'explique au moins autant par les gains de productivité de notre industrie que par la mondialisation. Comme me le disait « naïvement » un représen-

36. Selon les données du MINEFI consultables en ligne.
37. Selon les données de l'INSEE.

tant de l'industrie automobile lors d'une conférence à Bruxelles : « Nous, on gagne 3-4 % de productivité chaque année. Alors soit vous consommez 3 % de voitures en plus, soit on doit licencier. » Sans réorientation de notre économie sur des secteurs plus dynamiques et intensifs en main-d'œuvre, sans investissement massif dans la formation et dans l'accompagnement des chômeurs vers de nouveaux emplois, le drame va se poursuivre. La faute à nous, pas aux Chinois !

## La gestion du *statu quo* libéral-étatique, idéologie de fin de siècle

De quoi nos élites sont-elles le nom ? À quoi bon avoir des dirigeants s'ils ne dirigent plus ? Depuis l'entrée de notre pays dans la crise, pas une réforme ne passe sans qu'un politique affirme devant micros et caméras qu'il faudra « en faire la pédagogie afin qu'elle soit acceptée par les Français ». Et de nous en décrire toute la technicité comme si le salut du politique passait par l'expertise. En revanche, faire la pédagogie de notre époque, du monde tel qu'il vient et se présente à nos enfants, présenter les enjeux de notre intégration dans l'Europe et notre juste place dans le monde, ça, jamais !

Et que dire de ces discours pompeux qui entonnent chaque fois le même refrain sur la nécessité de « restaurer la grandeur de la France », comme un appel à la restauration de notre empire colonial ! La vérité, c'est que nos élites semblent avoir le plus grand mal à penser le monde dans lequel nous vivons. Elles le subissent dans bien des cas, le gèrent parfois, mais ne le dirigent plus : plus de sens collectif, plus de cap politique, plus de cause pour mobiliser les sociétés. L'heure est à l'excellence gestionnaire et au *statu quo* libéral-étatique.

Les dirigeants politiques ont accepté et le plus souvent organisé les pertes de souveraineté au profit des marchés, de la finance et des acteurs privés. Ils ont trop facilement cru que le communisme vaincu, l'économie de marché allait essaimer à travers le monde l'universalisme des droits et de la démocratie, que son extension à toutes les sphères de la société – l'environnement, l'alimentation, la santé, les services publics, les connaissances, le vivant – allait garantir une prospérité et une paix durables. Du coup, limitant la gouvernance de la mondialisation au seul commerce, ils ont fait du libre-échange le principal vecteur des relations internationales : facteur d'intégration à l'économie mondiale, clé du développement, propagateur des valeurs démocratiques universelles, mode privilégié de pacification des intérêts contradictoires. C'est sans doute aussi ce qui explique pourquoi ces mêmes dirigeants refusent paradoxalement les transferts de souveraineté au profit d'instances potentiellement plus puissantes parce qu'à la bonne échelle : Union européenne et Nations unies, collectivités territoriales, entreprises, associations... Ils acceptent que les marchés contrôlent les États, que l'exercice de la démocratie et de la citoyenneté se réduise à l'acte d'achat.

La montée en puissance de la pensée écologiste dans les années 1990 et la formidable série de conventions des Nations unies sur le développement durable, la pauvreté, le social, le genre... n'ont pas réussi à inverser la tendance. Le modèle économique globalisé a continué de considérer comme inépuisables les ressources naturelles, infinies les capacités d'absorption des océans, de la terre et de l'air de nos rejets et déchets. La mondialisation est donc aussi une formidable construction politique. C'est le discours d'une prétendue fatalité qui privilégie toujours la rémunération du capital à celle du travail.

## Leur mondialisation est-elle si heureuse ?

Qui peut encore dire qu'il ignore les dégâts des politiques d'ajustement imposées par la Banque mondiale et le Fonds Monétaire International dans les années 1990 aux pays d'Asie, d'Amérique latine et d'Afrique ? Les paysans avec lesquels je travaillais au Burkina Faso ont directement pâti de ces politiques de destruction massive, qui ont rapidement vu leur métier réduit à néant face à la concurrence des pays du Nord.

Qui peut nier le fait que les Occidentaux, par le biais d'institutions internationales entre leurs mains, ont forcé ces pays, en échange d'aides financières, à enclencher la spirale de la dérégulation économique, au détriment de leurs déjà faibles bases sociales, au détriment d'une perspective de développement endogène ? En tant que membre de l'association Solagral dans les années 1990, j'ai vu les accords du GATT[38] mettre en place un verrou libre-échangiste qui a fait de la planète un terrain de guerre commerciale au profit des pays du Nord, et plus sûrement des firmes transnationales, avec l'OMC[39] dans le rôle d'arbitre chargé de faire respecter les règles fixées par les États-Unis et l'Europe.

Pourtant, avec la renaissance des Suds, la donne est profondément modifiée. La crise met clairement au jour les faiblesses du Vieux Nord et la vigueur compétitive du Sud. Les pays émergents remettent en cause notre vision téléologique de l'Histoire, censée consacrer la démocratie libérale occidentale comme son stade final ! Le commerce redevient un enjeu

38. General Agreement on Tariffs and Trade – Accord général sur les tarifs douaniers et le commerce.

39. Organisation Mondiale du Commerce.

stade final ! Le commerce redevient un enjeu politique et même géostratégique de première importance. La mondialisation tout entière doit retrouver un sens collectif !

Ce sens paraît difficile à établir au sein des « nouvelles » institutions mises en place ces dernières années : si passer du G8 au G20 a permis d'intégrer quelques pays émergents au sein de l'élite mondiale, cela ne fait toujours pas de cette réunion un lieu prescripteur. Ces forums ont, en dépit de leur inefficacité avérée, tous les avantages de l'apparence : on est entre Grands, on fait de vibrants discours, on prétend gérer les problèmes du monde entre personnes responsables, l'exposition médiatique est énorme. Les séances photos semblent être les seules réunions de travail sérieuses, les déclarations finales rivalisent d'emphases. Oublié le reste de la communauté internationale, oublié le cadre des Nations unies, certes compliqué et insatisfaisant, certes à réformer, mais néanmoins indispensable à la construction d'une autre mondialisation.

Les G20 traduisent, finalement, la primauté des égoïsmes nationaux et l'incapacité des chefs d'État qui y participent à engager collectivement les réformes indispensables, en matière énergétique, agricole, monétaire ou financière. C'est l'instauration de fait d'une nouvelle oligarchie internationale, mettant de côté les nations les plus pauvres.

Dans les deux cas d'ailleurs, G20 et Nations unies, l'Union européenne est pratiquement inexistante. Les dirigeants et les pays européens y agissent en ordre dispersé, au détriment de l'intérêt et des principes européens. France et Royaume-Uni s'accrochent à leur droit de veto comme au dernier bijou de leur splendeur passée, oubliant que ce système permet d'abord à la Russie et à la Chine de paralyser un peu plus la communauté internationale face à la barbarie. Il est temps que les deux anciens empires européens abandonnent leur siège au sein du Conseil de sécurité au profit de l'Union, engageant ainsi l'indispensable réforme de cette institution née en 1945 !

## La concurrence internationale : bouc émissaire à gauche, cheval de Troie à droite

Ce sentiment profond de « perte de contrôle de nos destins », l'absence d'explications, la complexité objective des processus à l'œuvre ont des effets politiques désastreux. Beaucoup de nos concitoyens sont séduits par des formes de national-populisme plus ou moins xénophobes, toujours antieuropéennes, mais qui partagent un même discours : le retour d'un État jacobin omnipotent, la France éternelle, celle d'avant ! L'âge d'or d'une France forte, implicitement coloniale et postcoloniale, ressurgit. C'est aussi la nostalgie du compromis productiviste réunissant les gaullistes, les socialistes et les communistes, la mélancolie d'un temps où les enjeux environnementaux étaient parfaitement ignorés. Ces discours ne sont malheureusement plus l'apanage du seul Front national.

Je ne supporte plus ces responsables politiques qui usent de l'expression « produits étrangers », parfaitement conscients de la petite musique xénophobe qu'elle génère. Le bouc émissaire n'est jamais loin. Certes, ce n'est pas l'immigré ou le musulman comme à l'extrême droite. Quoique ! C'est l'ogre chinois. Ou le Brésilien qui nous fait de moins en moins rêver par son football et de plus en plus peur par ses exportations. Ça sent moins mauvais qu'au FN, mais le relent nauséabond du nationalisme n'est pas loin.

Nous devons être extrêmement vigilants à ce que le débat sur la mondialisation ne masque pas le rejet de l'étranger. Nous devons être déterminés à combattre les inégalités et les discriminations. Les Roms, les musulmans, les Français non blancs et les résidents étrangers ne sont pas les ennemis de l'intérieur qu'il faudrait donner en pâture aux perdants de la mondialisation et de la modernisation. Ce n'est pas en expulsant la misère de nos trottoirs que l'on répond structurellement à l'angoisse de déclassement social. Les discours qui racialisent la misère et tentent de transformer les inégalités en insécurités ne masquent ni l'impuissance politique ni le renoncement à la justice sociale. Ils les renforcent, instillent le poison de la division, de la peur et de la haine, abîment en profondeur la société, assèchent ses énergies vitales. C'est l'attractivité et l'image de la France, son art de vivre et sa rationalité, qui en prennent un sacré coup.

Dans ce registre abject, Marine Le Pen est la meilleure. Elle est terriblement plus dangereuse que son père lorsqu'elle essaie de faire croire que l'on peut pratiquer le racisme d'État sans être racistes, qu'on peut exclure une partie des résidents de la communauté nationale tout en étant républicains, qu'on peut faire la chasse aux musulmans tout en étant laïcs, qu'on peut défendre le retour au franc tout en défendant le pouvoir d'achat. De fait, une partie de plus en plus importante de la société devient insensible au bruit et à l'odeur du Front national. Avec Jean-Marie Le Pen, il y avait au moins une cohérence d'aberration et de vulgarité entre le fond et la forme.

À gauche, la tentation est forte de restaurer l'État et de légitimer son existence sans cesse mise en cause. À droite, la mondialisation est le terreau d'un projet politique de dérégulation, de déconstruction des collectifs, de déstabilisation des contre-pouvoirs, de précarisation et d'individualisation. Combien de fois Nicolas Sarkozy a-t-il usé de la « contrainte de la mondialisation » afin de justifier la baisse des impôts pour les plus riches ou la suppression de postes dans la fonction publique ? En cédant à l'antimondialisme primaire, une partie de la gauche donne du grain à moudre aux ultralibéraux. Elle pense détenir un bouc émissaire, elle renforce un cheval de Troie.

## Une autre mondialisation est possible

Je suis altermondialiste, favorable à une mondialisation qui fait prévaloir la logique des sociétés, des cultures et des droits sur celle des États et des puissances économiques et financières. Je défends plus que jamais une société ouverte, internationale. C'est pourquoi je me bats depuis vingt-cinq ans pour que les échanges se fassent dans le respect des droits humains fondamentaux, de l'environnement, de la diversité des cultures.

En faisant de la mondialisation le mal ultime de la société française, la classe politique française prend le risque de passer à côté des vrais enjeux. Celui du vivre-ensemble dans une société en stagnation économique, de la fiscalité et de sa justice, de notre mauvais positionnement industriel, de la formation, de l'accompagnement vers l'emploi, de la hausse des dépenses contraintes : logement, transport, énergie... Pire, elle renforce la manipulation des ultralibéraux selon laquelle la France serait vouée au déclin si elle ne s'aligne pas sur le moins-disant social et environnemental. Elle fait le jeu des multinationales et de ce slogan que l'on a déjà cité : « Si vous nous taxez, on s'en va. »

Nous avons un espace politique important, non « envahi » par la mondialisation, pour répondre au chômage, au pouvoir d'achat, aux inégalités, à la dégradation de notre environnement, bref à tous ces sujets qui préoccupent les Français. Mais nous devons également imposer des règles à cette mondialisation où le dumping est en train de devenir la norme, où les biens publics mondiaux ne sont qu'un marché de plus pour les firmes multinationales.

Comment reprendre en main cet espace ? Il faut reconstruire de la souveraineté, et cela se traduit concrètement par la régulation du marché européen, en y imposant des normes qui conditionnent l'entrée des produits importés. Cela veut dire plus d'Europe, et pas moins d'Europe : alors que le transfert de souveraineté s'est largement fait au bénéfice des marchés, il doit désormais se faire au bénéfice d'institutions démocratiques européennes et des acteurs sociaux.

## Pour une Europe enfin protectrice

Je propose de conditionner nos échanges au respect de notre modèle social et environnemental. Cela comprend bien sûr le respect des normes du marché intérieur : l'Europe a toute légitimité à s'assurer que ce qui rentre sur son marché respecte et correspond aux normes en vigueur dans son marché intérieur, qu'elles soient sanitaires ou qu'elles concernent la propriété intellectuelle. Mieux, elle ferait ainsi de ces normes et de leur rehaussement des leviers de négociations particulièrement efficaces dans ses rapports avec le reste du monde.

Il s'agit pour moi de protection et non de protectionnisme, car ce dernier se construit contre les autres. En exigeant que la liberté syndicale soit reconnue et effective, ce sont les salariés d'ici et là-bas que l'on protège. En taxant le contenu en carbone des produits venant de pays qui ne font pas d'efforts, c'est le climat ici et là-bas que l'on protège. L'Europe a toujours souhaité construire des règles internationales contraignantes, pour les droits sociaux, humains, ou pour la protection de la santé et l'environnement. Si des grandes puissances comme les États-Unis ou la Chine refusent cette démarche sous prétexte d'ingérence insupportable, alors l'Europe est en droit de définir les conditions d'entrée sur son marché autrement que par une logique jusqu'au-boutiste de libre-échange.

Je défends la fermeture d'ici 2020 du marché européen aux produits issus de pays qui ne respectent pas la liberté syndicale. Imposer le respect d'un droit inscrit dans les conventions de l'Organisation Internationale du Travail me paraît non seulement raisonnable mais indispensable si nous voulons conserver des droits sociaux en Europe, si nous voulons que le commerce soit aussi vecteur de progrès social. Cela peut se faire de manière conflictuelle avec nos partenaires. Cela peut aussi se négocier. C'est comme cela que l'on construit de la souveraineté.

Mais ne nous voilons pas la face. Modifier les traités de l'OMC, introduire des normes d'entrée sur le marché européen ou encore taxer le transport international ne sera pas aisé. Les victoires sont difficiles à obtenir et restent fragiles. Ainsi, j'ai eu l'occasion dans mes engagements passés de combattre les pratiques et l'agenda de l'OMC. Nous avons gagné collectivement et l'OMC est aujourd'hui bloquée dans ses propres contradictions. Malheureusement, nous avons perdu sur le terrain de la réforme du système commercial multilatéral et plus largement sur le terrain du libre-échange : les accords bilatéraux se multiplient et nous avons beaucoup de mal à y inclure des clauses sur le climat, le social ou les droits de l'homme. Et lorsque nous y parvenons, soyez sûrs que ce sera la seule clause non contraignante de l'accord.

### Démondialisation concrète contre protectionnisme imbécile

Il faut continuer ces combats, ne pas se résigner. Mais la responsabilité qui nous incombe, c'est de faire des propositions concrètes et applicables. De passer des discours grandiloquents à la démondialisation pragmatique. Les écologistes en sont porteurs. Quand nous soutenons l'agriculture locale, nous démondialisons. Quand nous voulons lancer un « pacte pour les entreprises locales », nous démondialisons. Quand nous privilégions les sources d'énergie renouvelables et les économies d'énergie, nous démondialisons. Quand nous soutenons le recyclage et la réparation, nous démondialisons. C'est peut-être moins glamour qu'une bataille rangée devant l'OMC, mais voilà comment on peut démondialiser, dès aujourd'hui. Revitaliser économiquement nos territoires, et en particulier les zones rurales et périurbaines, c'est aussi lutter contre le sentiment d'abandon et la réalité de déclassement des populations qui y vivent et qui se tournent, par dépit, vers les extrêmes politiques.

Et puis transformons enfin notre modèle énergétique et notre industrie, responsables de notre déficit commercial. Notre industrie est peu présente sur les marchés des pays émergents, et souffre d'une faible spécialisation dans les produits de haute technologie ? Les économies d'énergie et les énergies renouvelables répondent à la fois à notre dépendance aux importations énergétiques et nous positionnent sur des marchés industriels d'avenir, évalués en centaines de milliards de dollars chaque année. Plus généralement, je l'ai déjà dit, l'efficacité en ressources de notre industrie peut permettre de réduire ses coûts et de réduire la pression sur les salaires.

Enfin, il n'y a pas de réponses simplistes, ni automatiques, à la question du sens de ce que l'on produit, de « pour qui » l'on produit. Il serait trop facile d'opposer la production de tout et de n'importe quoi sur le marché mondial, d'opposer les produits « avec charge émotionnelle » vendus en circuit court, comme un fromage proposé à l'AMAP, avec des produits ultrastandardisés, comme la pièce auto modèle n°123-B qui fera le tour du monde avant d'être assemblée. Nous vivons dans un monde complexe, avec des spécialisations et donc de la distance.

Et puis la distance ne résout pas tout. La proximité entre producteurs et consommateurs peut certes contribuer à redonner du sens. Mais le sens pour les producteurs ne dépend-il pas plutôt de la participation des salariés aux choix de l'entreprise, de l'émergence d'un objectif et de moyens partagés, de la possibilité pour chacun d'avoir son mot à dire ? Pour le consommateur, ne peut-il y avoir plus de sens dans les produits issus du commerce équitable que dans ceux fabriqués localement ?

Avec pédagogie, grâce à une démocratie renouvelée, nous pouvons remettre de manière pragmatique la mondialisation à sa juste place.

# 8

# Sortir du fantasme de l'impuissance et relever le défi chinois

## Un choc de modèles

Soyons clairs : la Chine n'est plus la belle endormie que d'aucuns décrivaient dans les années 1970, repliée sur elle-même et son pré carré immédiat, Vietnam et Corée du Nord. Elle s'est réveillée ! Elle n'est pas non plus l'ogre qui mange nos industries et nos emplois. Enfin, elle n'est pas cet Eldorado capitaliste ouvert à qui veut gagner des milliards. La Chine est une multitude de réalités : puissance industrielle formidable ; dictature politique impitoyable avec ses opposants et ses minorités ; culture millénaire ; membre très influent des Nations unies pratiquant l'obstruction au Conseil de sécurité dès lors qu'il s'agit d'ingérence démocratique en Syrie, en Iran ou au Soudan, ou dans les négociations internationales dès lors qu'il s'agit d'édicter des normes internationales contraignantes, en matière de climat ou de droits sociaux; propriétaire de millions d'hectares de terres agricoles, notamment en Asie et en Afrique...

La Chine est aussi ce pays où émerge une classe moyenne de plusieurs centaines de millions de personnes quand plusieurs autres centaines de millions continuent de vivre en dessous du seuil de pauvreté, où surgissent de plus en plus fréquemment des revendications démocratiques, des rébellions sociales et environnementales. La dégradation de l'environnement est à ce point catastrophique qu'elle pourrait rapidement menacer la stabilité politique du système. Ce pays a fait de l'économie verte une priorité en ayant déjà acquis le statut de leader mondial des énergies renouvelables tout en étant le premier émetteur mondial de $CO_2$, parce qu'elle produit une bonne partie des produits manufacturés que nous consommons!

Les dirigeants européens dénoncent régulièrement, malheureusement de moins en moins, les violations des droits de l'homme, de même que le dumping social, environnemental, fiscal et monétaire et le pillage intellectuel dont la Chine use pour booster son économie. Mais ils fantasment sur un marché et une économie en pleine expansion, envient ses réserves financières de plusieurs milliers de milliards de dollars, et se plient en quatre, se concurrencent les uns les autres pour obtenir tel ou tel contrat, même s'il est accompagné d'importants transferts de technologie.

Avec la crise qui s'approfondit et la contestation croissante de la mondialisation qui l'accompagne, la Chine est plus que jamais au centre de tous les débats économiques et politiques. Comment gérer l'impact des déséquilibres commerciaux en matière de politiques d'emploi, de développement, d'industrie et de marché intérieur? Comment aborder les nouveaux défis que pose la relation de la Chine avec l'Union européenne et avec nos sociétés?

Ces questions nous interpellent tous. Mais trop souvent, nous n'avons pas de réflexion articulée sur ce sujet. Il est temps de sortir des simplifications et des postures pour développer une position cohérente et constructive, tant au niveau européen qu'au niveau national.

Il faut partir d'un constat très simple : le choc avec la Chine est d'abord un choc de modèles. De modèle économique, de modèle social, de modèle démographique et de modèle démocratique. Et ce sont ces différences fondamentales entre nos deux modèles qui causent ces déséquilibres qui inquiètent tant.

D'où un premier élément de réponse. Si l'Europe veut avoir un partenariat constructif et ferme avec la Chine, elle doit prendre conscience que le premier défi posé par la Chine est au moins autant industriel et politique que commercial : seule une politique industrielle commune européenne, fondée sur une vision partagée de l'économie européenne au XXIe siècle et se substituant – ou complétant – aux 27 politiques industrielles actuelles peut offrir des réponses au défi chinois. On a décrit plus haut l'exemple inquiétant de l'industrie photovoltaïque. Il est pratiquement à l'opposé de ce qu'il faudrait faire.

## Et si l'Europe parlait d'une seule voix ?

Il est vain et illusoire de s'imaginer pouvoir traiter directement avec la Chine, sur un pied d'égalité, comme en rêvaient Berlusconi et Sarkozy, et comme se l'imaginent encore Angela Merkel et le patronat allemand. La Chine se joue de nos divisions pour nous imposer son agenda. Les dirigeants européens, qui se sentent forts et pensent flatter leurs opinions en posant avec les dirigeants chinois, se sont laissé enfermer dans une relation pluri-bilatérale qui nous affaiblit considérablement. Comme nous affaiblit l'absence persistante de stratégie d'insertion dans le système mondial ou de décisions communes en matière d'économie verte, d'investissements ou d'innovation, de technologies avancées. Les déséquilibres économiques et commerciaux entre Chine et UE en sortent renforcés. Nous avons clairement cédé à la tentation du cavalier seul et échoué à construire des relations bilatérales UE-Chine menées de façon coordonnée. Sans unité, il n'y aura pas de relation équilibrée.

Parler d'une seule voix donc. N'oublions pas que la Chine a besoin de nous, car sa croissance économique se fonde aujourd'hui davantage sur les exportations que sur sa consommation intérieure.

Dès lors, il deviendra possible, d'une part, de défendre plus vigoureusement encore nos priorités sociales et environnementales dans les processus de production et, d'autre part, d'être crédibles sur le plan des droits de l'homme avec Pékin – au lieu de ranger bien vite les principes dès que se profile l'occasion des contrats. En courant frénétiquement après les marchés chinois, nous délaissons les enjeux politiques et géostratégiques. Et nous perdons sur les deux tableaux. La stratégie chinoise d'exportations ne se traduit pas mécaniquement par une ouverture de son marché aux entreprises européennes et pas du tout sur une ouverture démocratique. La société chinoise évolue bien sûr, notamment grâce à Internet, mais le régime actuel est l'un des plus durs que ce pays ait connus depuis des années.

Économiquement, l'Europe reste le premier marché mondial et le premier partenaire commercial de la Chine. Elle est donc l'espace où peuvent se décider et s'imposer des normes pour l'ensemble des marchés mondiaux.

Développer ces normes en partenariat avec la Chine, en particulier en matière d'économie verte, est bien plus urgent et utile que d'ériger d'illusoires lignes Maginot protectionnistes.

Mais il nous faut d'abord sortir de notre hantise de l'impuissance. La logique néolibérale nous propose de concurrencer la Chine sur les bas coûts de production, notamment les coûts salariaux. C'est absurde. Mais la logique souverainiste nous propose l'illusion d'une protection douanière pour rétablir la compétitivité européenne. Il y a beaucoup à perdre à la fermeture brutale et inconsidérée des frontières. L'échange et la concurrence ne sont pas pervers en soi. Le dumping l'est. Et avant d'acheter français ou européen, il faudrait être capable de produire français ou européen. L'enjeu fondamental est de savoir si l'Europe est capable de placer son économie sur les besoins et les enjeux du XXI^e^ siècle et d'ouvrir un partenariat eurasiatique correspondant. L'Europe doit pour cela faire les bons choix stratégiques. Ils sont, selon moi, à la fois défensifs et offensifs.

Du point de vue défensif, je propose de conditionner nos échanges au respect de notre modèle, en prenant en compte les émissions de $CO_2$ ou, je l'ai dit plus haut, en imposant la reconnaissance syndicale pour pouvoir vendre un produit sur le marché européen.

Nous devons également développer, à l'échelle européenne, une stratégie qui favorise la consommation et la production locales : une politique industrielle commune devrait miser sur les PME, en lien avec les besoins locaux en matière d'alimentation, de transport ou d'énergie, et utiliser les instruments tels que les marchés publics au service de cette économie locale.

Du point de vue offensif, je propose de développer une politique d'engagement constructif. C'est dans le dialogue et la confrontation des modèles que nous pourrons prendre conscience, à Bruxelles et à Pékin, des formidables potentiels de partenariat entre Chine et UE. Nous partageons quelques réalités qui doivent nous inciter à développer des politiques communes. Par exemple, Europe et Chine sont des continents relativement pauvres en ressources : il serait intéressant de développer des stratégies communes dans les domaines de l'efficacité énergétique et de la sobriété en matières premières. Ce qui suppose aussi des partenariats en matière de recherche, d'industrie, d'innovation technologique.

De toute évidence, le *statu quo* est suicidaire, à moins de considérer que l'Europe peut se réduire à une économie de services. Ce n'est pas ma vision. La priorité est de développer une politique industrielle et une politique commerciale européennes conformes à nos valeurs et à nos engagements sur la scène internationale. Construisons les partenariats du futur qui feront de l'Europe et de la Chine des économies fortes au XXIe siècle, car elles auront fait le choix de l'économie verte, au service des citoyens et non des marchés.

# 9

# Climat : les solutions qui dérangent

Après l'échec du sommet de Copenhague en 2009, la lutte contre le dérèglement climatique a quitté les écrans radar. Facile d'instrumentaliser la crise économique pour ceux qui veulent reporter *sine die* les transformations à engager, qui ne veulent ni transition énergétique, ni changement de modèle de développement, ni remise en cause d'un système où 20 % de la population mondiale consomment 80 % des ressources planétaires. Facile, oui, mais irresponsable. On ne négocie pas avec la planète, on ne négocie pas avec la science : déjà des centaines de milliers de morts par an, des millions à venir du fait des sécheresses, inondations, épidémies, et des centaines de millions de déplacés. L'inaction est un crime contre l'humanité.

Tous les voyants sont au rouge. Ces derniers mois encore, les scientifiques ont confirmé l'augmentation de plus en plus rapide de la concentration de $CO_2$ dans l'atmosphère, dépassant sur le site emblématique d'Hawaii le seuil symbolique des 400 millions de particules par partie. Nous approchons dramatiquement, mais sans ralentir, du point de basculement climatique de la planète : un réchauffement global de plus de 2 °C. À ce rythme, c'est plutôt une augmentation de 4 à 6 °C de la température d'ici la fin du siècle vers laquelle nous plongeons. Un cataclysme à l'échelle de l'humanité.

Selon l'Organisation météorologique mondiale, la première décennie du XXI^e^ siècle a été la plus chaude jamais enregistrée et la plus dramatique en termes de phénomènes météo extrêmes, entraînant la mort de près de 370 000 personnes.

Pendant l'été 2012, la fonte de la banquise a battu tous les records. Elle a déjà perdu 15 % de sa superficie et 40 % de sa profondeur sur les trente dernières années[40]. Plutôt que d'entraîner une mobilisation générale, sa disparition programmée suscite tous les appétits car les ressources de cette région – pétrole, gaz, minerai de fer, uranium et même diamants – deviennent accessibles. Les compagnies minières et d'énergie avancent à marche forcée vers le nord, voyant dans cette fonte une incroyable opportunité financière. Notre boussole tourne folle : la disparition de la banquise, victime du $CO_2$,

40. Selon le National Snow and Ice Data Center américain, 2013.

bénéficie à ses agresseurs ! Le crime paie puisque notre addiction au pétrole est sans contrôle.

Le péril est connu, les responsabilités aussi : les pays industrialisés sont responsables de 80 % des gaz à effet de serre concentrés dans l'atmosphère alors que les pays du Sud supporteront 80 % des dégâts liés au dérèglement climatique.

## La conférence de Copenhague prise en otage par les chefs d'État

En 2009 à Copenhague l'espoir est pourtant de mise. Les citoyens du monde entier sont mobilisés : les ONG ont fait leur boulot, Al Gore a présenté partout son film *Une vérité qui dérange*, l'économiste britannique Nicholas Stern a démontré le coût économique astronomique de notre inaction climatique, le Grenelle a passionné la société française, les Grands de ce monde ont beaucoup promis. On allait voir ce qu'on allait voir !

Pendant des années, j'ai agi en tant que directeur des campagnes de Greenpeace pour mettre l'urgence climatique au cœur des politiques françaises et européennes. Mais c'est au sein de la délégation des parlementaires européens que je vais vivre ce qui doit être le « climax » des négociations internationales, l'accomplissement de tant d'années de travail aussi bien pour les négociateurs des 193 pays présents que pour les milliers d'activistes d'ONG.

Je ne suis pas naïf : si les années de négociations internationales n'ont pas entamé mes convictions, elles m'ont appris à être réaliste. La négociation climatique n'est pas qu'une négociation environnementale. Lutter contre le dérèglement climatique nécessite de modifier en profondeur nos modes de production et de consommation, dans l'énergie, l'industrie, l'agriculture ou encore les transports. Autant d'habitudes, de rentes et d'intérêts à bousculer. Jamais négociation internationale n'aura mobilisé autant d'opposition acharnée de lobbies très puissants. Pour ces derniers, ce n'est pas la vérité qui dérange, mais les solutions à la crise climatique.

C'est pourquoi la perspective d'un accord mondial contraignant, dans lequel tous les pays du monde s'engageraient à réduire leurs émissions de gaz à effet de serre à des niveaux supportables pour la planète, est fragile. L'espoir d'un accord qui assurerait une aide suffisante aux pays les plus vulnérables – en général les plus pauvres et les moins responsables de la crise climatique – est mince. Mais tous les militants réunis dans la capitale danoise veulent croire à un sursaut planétaire.

Doux rêveurs ? Pas tant que ça. Après des années de blocage, les derniers mois ont connu des frémissements prometteurs. Du côté des États-Unis tout d'abord : Barack Obama prend de court son Congrès et s'engage à réduire de 17 % les émissions américaines d'ici 2020. Un geste insuffisant, certes, mais qui marque une première rupture avec les années Bush. La Chine annonce une réduction de l'intensité carbone de son économie de plus de 40 % d'ici 2020. Ni l'un ni l'autre ne semblent prêts à accepter un accord qui soit contraignant, c'est-à-dire avec un droit de regard de la communauté internationale et éventuellement des sanctions en cas de non-respect des engagements, mais l'espoir est revenu parmi les militants associatifs.

Le Sommet de Copenhague est pourtant un échec cuisant. Les Américains et les Chinois en portent une lourde responsabilité, incapables de faire de nouvelles concessions, alors que l'Union européenne a été inexistante. Les Sarkozy, Brown et Merkel se sont d'abord souciés d'exister sur la scène internationale, entre le président Obama et le Premier ministre Wen Jiabao, quitte à saper l'unité et donc l'efficacité européenne.

La présence de tant de chefs d'État et de gouvernement ouvrait la perspective d'un engagement fort de la communauté internationale. Elle s'est transformée en parodie affligeante, sans savoir si ce sont les impostures de fond ou les postures de forme qui ont généré le plus de dépit.

Un échec qui ouvrira la porte aux attaques de ce que l'on nomme les « sceptiques du climat », dont Claude Allègre est un pathétique représentant, truqueur et arrogant. Un échec qui conduira, en France, à l'abandon du volontarisme climatique de Nicolas Sarkozy – symbolisé par la mort de la contribution climat énergie : on ne s'improvise pas écologiste, la réalité rattrape toujours l'illusion.

Peut-être nos « grands » dirigeants espéraient-ils que les médias et l'opinion publique ne retiendraient du Sommet que le mélodrame politique des dernières heures, l'« Accord de Copenhague », obtenu à l'arraché par la réunion en petit groupe d'une trentaine d'entre eux ? Un accord médiocre, non contraignant, vide d'engagements sur les émissions, prévoyant une aide pour les pays les plus pauvres, immédiatement ponctionnée sur les budgets déjà faibles de l'aide au développement. Un accord que ces « Grands » dirigeants n'auront même pas le courage d'aller présenter devant le reste de la communauté internationale.

## Un G20 du climat ? La fausse bonne idée

Les sommets de l'ONU qui ont suivi celui de Copenhague ont sonné comme un réveil utile. Le processus de négociation onusien a été sauvé, mais on n'a pas commencé à sauver le climat. La faute aux Nations unies ? Pas vraiment. Il est certes difficile de négocier à plus de 190 États, et la négociation climatique est la plus compliquée jamais engagée. Pour autant, les obstacles viennent d'abord des dirigeants des principales puissances de la planète, qui sont aussi les plus polluantes. Ils sont évidemment prêts à sauver le climat, mais pas à faire ce qu'il faut pour y arriver. Incapables d'engager une transition énergétique rapide, incapables de tenir leurs engagements en matière d'aide financière aux pays du Sud. Comme si la crise climatique pouvait se résoudre telle une crise financière, en s'endettant chaque jour un peu plus. Comme si on pouvait accroître indéfiniment le fardeau des générations présentes et futures, altérant jusqu'à leurs conditions de vie.

Au processus onusien, certains dirigeants sont tentés de substituer un format du type G20. C'est une stratégie évidemment séduisante pour des dirigeants soucieux d'exister sur la scène internationale, peu avares de poignées de main généreuses fortement médiatisées et de formules historiques pour qualifier le plus grand défi de l'humanité.

Mais c'est une stratégie dangereuse car, en s'extrayant du cadre multilatéral, elle nous condamne définitivement à opérer dans un cadre laxiste, une gouvernance souple faite d'engagements nationaux volontaires. Alors que la lutte contre le dérèglement climatique nécessite une coordination et des règles strictes, des objectifs globaux de réduction des émissions et finalement des objectifs nationaux contraignants.

C'est une stratégie dangereuse car le climat est un bien commun mondial qui nécessite l'engagement de tous les pays et ne peut se satisfaire de petits arrangements entre amis pris à l'exclusion de la grande majorité des pays victimes du réchauffement.

D'ailleurs le Sommet de la Terre tenu à Rio en 1992 avait posé la responsabilité commune et différenciée comme principe du droit environnemental : chacun doit contribuer à l'objectif commun au regard de ses responsabilités et de ses moyens. Au Nord revient logiquement la responsabilité historique du réchauffement climatique, après deux siècles de révolutions industrielles, d'émission de gaz à effet de serre et d'exploitation outrancière des ressources de la planète. Mais la responsabilité des économies émergentes est aujourd'hui manifeste. Sans être des sociétés riches, avec des émissions par habitant très en dessous des nôtres, ces pays sont devenus fortement pollueurs. La Chine est le plus gros émetteur mondial de $CO_2$, notamment sous l'effet des délocalisations sur son territoire d'industries occidentales ! Enfin, la capacité du Sud à opter pour la sobriété, au lieu de reproduire notre modèle de développement insoutenable, est un des enjeux de ce siècle, avec ou sans les transferts financiers et technologiques promis par le Nord.

La stratégie « G20 du climat » ne l'a pas emporté. Mais elle rôde toujours. Le président Hollande doit s'en détourner dans la perspective du grand sommet de Paris en 2015.

**François Hollande peut-il sauver le climat ?
Pour une ONU 2.0**

Sur proposition du président Hollande, la France accueillera la conférence climatique en 2015. C'est le grand rendez-vous fixé pour conclure un accord international contraignant, limitant à 2 °C le réchauffement de la planète. C'est un défi passionnant qui nous engage tous. Mais c'est loin d'être gagné. Multilatéralisme en berne, solidarité Nord-Sud atone, conservatismes économiques et égoïsmes nationaux... les conditions d'un succès ne sont pas toutes réunies – loin s'en faut – pour engager la responsabilité des uns et des autres face à l'urgence !

Avons-nous le choix ? Les rapports scientifiques sur le climat vont continuer à décrire un avenir où l'imprévisibilité des chocs climatiques le disputera au déclin économique et aux déchirements des conflits pour la survie. À l'inverse de ce scénario catastrophe, un modèle de développement soutenable pour l'humanité et la nature nous tend les bras.

L'enjeu de 2015 sera de faire aboutir une démocratie à 193 États, de faire vivre un débat entaché de responsabilités non partagées et de promesses non tenues. Négocier à autant de pays est impossible. Pour réussir Paris 2015, il faudra trouver le groupe de travail constitué des 20 pays les plus représentatifs des enjeux de notre temps. Ces cercles de négociateurs plus restreints sont plus efficaces. Ils seront légitimes s'ils sont, à la différence du G20, représentatifs et rendent régulièrement des comptes à l'ensemble de la communauté internationale. Il faudra aussi, à l'ONU, passer du règne de l'unanimité à celui de la majorité qualifiée. C'est là une réforme ambitieuse, longue, mais un gage indispensable d'efficacité.

Bien au-delà des écologistes, les sociétés civiles devront de nouveau se mobiliser, non pour dépendre de la bonne volonté de leurs dirigeants, mais pour leur imposer les nécessaires ruptures, en portant à toutes les échelles, dans tous les lieux de vie les solutions concrètes au défi climatique. Tous les acteurs sont concernés.

Le gouvernement français bien sûr. En limitant son ambition climatique à 20 % de réduction de ses émissions de gaz à effet de serre d'ici 2020, par rapport à 1990, la France est dans le ventre mou européen, derrière l'Allemagne ou le Royaume-Uni. Elle est loin des 30 à 40 % de réduction recommandés par les scientifiques. Pour réussir Paris 2015, la France doit afficher une ambition de 30 % et ainsi sortir du statut d'élève appliqué pour ambitionner celui d'élève dynamique de la classe européenne. Elle devra aussi mettre en synergie toutes les dynamiques pro-climat à l'œuvre et démontrer qu'il existe une société en mouvement qui ne demande qu'à s'étendre.

Les collectivités et les territoires sont au premier rang de cette transformation. Ils ont maintenant l'obligation d'engager des plans climat-énergie territoriaux. Très souvent animés par des élus écologistes, ces plans réalisent un diagnostic précis des gisements en carbone et préconisent une multitude de mesures plus ou moins structurantes à réaliser pour atteindre l'objectif de réduire d'au moins 80 % nos émissions de gaz à effet de serre d'ici 2050. Les collectivités doivent continuer à engager les citoyens dans cette dynamique d'actions locales.

Les entreprises qui affichent leur préoccupation climatique, comme Danone, Philips, Ikea, Siemens, Unilever, Vestas, DONG Energy, DSM – pour ne prendre que les grosses –, devront se démarquer de leurs consœurs BP, Shell, Total, ArcelorMittal, ThyssenKrupp, Tata Steel, BASF, Veolia, Lafarge, Rhodia ou BMW, et prouver qu'un modèle de développement plus respectueux du climat fonctionne. Je propose de lancer un appel à contribution à toutes les entreprises, petites ou grandes, coopératives ou multinationales, dont la production, les modes de production ou l'organisation participent de la lutte contre le dérèglement climatique. Un tel cahier démontrerait la richesse et le potentiel des activités économiques durables.

Il est en tout cas inimaginable que la conférence de Paris soit, comme celle de Varsovie en novembre 2013, sponsorisée et prise en otage par les firmes les plus responsables des émissions de gaz à effet de serre. Varsovie a été de ce point de vue le rendez-vous du cynisme, illustrant l'acharnement de certains groupes à contrer toute action climatique.

Enfin, les jeunes, dont les conditions de vie vont tellement dépendre de ce qui va se décider, doivent se mobiliser pour combattre les conservatismes de leurs aînés, balayer la contre-révolution énergétique à l'œuvre qui voudrait nous faire croire que la sortie de crise passe par les fossiles et le nucléaire, porter l'optimisme du mouvement et d'un avenir bienveillant. Ils doivent être les moteurs de l'innovation politique, sociale et technologique qui transformera notre société.

## Paris 2015 sera européen ou ne sera pas

Pour que Paris ne soit pas Copenhague, l'Union européenne doit assumer responsabilité et leadership. Ce n'est pas gagné non plus ! Je le constate quotidiennement, les défenseurs des énergies du passé, certains lobbies industriels et les climato-sceptiques progressent dans les États-membres comme au Parlement européen, vantant leur cocktail explosif charbon/nucléaire/gaz de schiste. Chaque jour est un combat pour les écologistes qui défendent pied à pied tous les acquis européens en matière de politique climatique, d'environnement ou d'énergie.

Quand j'ai demandé à un responsable européen de Total pourquoi une telle entreprise ne mettait pas toute sa force dans les énergies renouvelables plutôt que d'aller chercher toujours plus profond, toujours plus loin, pétrole, sables bitumeux ou gaz de schiste, sa réponse fut directe : « La dernière goutte de pétrole nous rapportera toujours plus qu'une belle éolienne ! » C'est dire que les chefs d'État et de gouvernement doivent relever un défi colossal. C'est dire que la responsabilité de chacun est engagée.

Mais l'Europe tient pourtant un rôle à sa mesure, si elle parvient à parler d'une seule voix et à montrer l'exemple. D'ici le printemps 2014, l'UE définira ses objectifs en matière de climat et d'énergie pour 2030. Sobriété, efficacité, innovation et troisième révolution industrielle sont à l'agenda si nous le décidons. Utiliser pleinement le gisement d'économies d'énergie et le potentiel de développement des énergies renouvelables permet d'envisager des objectifs de

40 % d'efficacité énergétique (par rapport à 2010) et de 45 % de renouvelables dans le mix énergétique d'ici 2030. Presque mécaniquement, la réalisation de ces objectifs entraînerait une réduction de nos émissions de gaz à effet de serre d'au moins 50 % (par rapport à 1990), ce que recommandent les scientifiques pour éviter l'emballement climatique. Montrer l'exemple, c'est aussi tenir nos vieilles promesses financières envers les pays du Sud, en leur affectant une partie de la taxe sur les transactions financières et des revenus des enchères de quotas de $CO_2$.

Forte d'engagements crédibles et structurels, l'Europe pourrait occuper une place vacante et pourtant fondamentale aujourd'hui. Elle pourrait devenir la puissance médiatrice et favoriser le compromis entre, d'un côté, les pays fortement émetteurs de $CO_2$ mais qui refusent toute contrainte internationale – la Chine et les États-Unis –, de l'autre, les pays émergents qui sont prêts à jouer le jeu de la contrainte commune si l'équité devient la règle – Brésil, Inde –, et, enfin, les pays du Sud, les plus directement touchés par le dérèglement climatique. Le caractère multidimensionnel de la négociation peut alors être un atout : autonomie énergétique, développement soutenable, accès à l'énergie, relance industrielle, création d'emplois, sécurité alimentaire, moindres migrations climatiques, réduction des chocs météorologiques... sont autant de bénéfices liés à l'obtention d'un accord.

À la manière de ces négociateurs palestiniens et israéliens qui avaient conclu de manière détaillée un accord de paix fictif à Genève au début des années 2000, je propose que se tienne au printemps 2015, soit six mois avant le Sommet de Paris, une conférence de parlementaires des vingt pays les plus représentatifs, réunis pour élaborer un compromis et démontrer qu'un accord international contraignant est possible. C'est essentiel pour décoincer la négociation officielle et sortir de l'ONU-bashing, langage performatif de ces puissants États désireux de ne plus s'embarrasser de diplomatie.

Enfin, il nous revient à nous, Européens – et la France aurait toute légitimité à en prendre l'initiative –, de former la coalition des pays de bonne volonté, prêts à prendre dès maintenant des objectifs ambitieux. Et pourquoi pas, comme l'Équateur ou la Suède, se doter d'un agenda partagé : la décarbonisation de nos sociétés à l'horizon 2050 ?

# 10

# L'Europe : un coupable presque parfait[41]

C'est à Copenhague que j'ai pour la première fois ressenti brutalement le basculement du centre de gravité mondial et le processus de désintégration européenne. Vingt ans après la chute du mur de Berlin, l'Europe est divisée, non par les drames de l'Histoire, mais par les ego de ses dirigeants. Face au premier des défis de l'humanité, Merkel, Brown et Sarkozy jouent leurs partitions personnelles, à savoir qui sauvera le premier le climat, ce nouvel Eldorado de la communication politique consensuelle. Plus besoin d'écologistes, puisque tous les partis, faisant fi des causes de la crise écologique, vont la résoudre grâce un volontarisme et une détermination nouveaux, corrigeant d'un claquement de langue un processus onusien de négociation

41. Titre que m'ont soufflé les étudiants en Master de communication politique de l'European Communication School de Paris.

forcément inefficace. Les chefs d'État et de gouvernement défilent à la tribune, plus ambitieux et responsables devant l'humanité les uns que les autres. La politique reprend le pouvoir !

Sauf que, sans contenu partagé, l'orchestre commence à jouer faux. Et puis l'estrade s'écroule. En quelques heures, les dirigeants chinois, indien, brésilien et sud-africain se mettent d'accord avec Obama sur une feuille de route vide d'engagements et douchent les espoirs de puissance de nos dirigeants européens. Pire, le nouveau président américain et récent prix Nobel de la paix n'attend même pas que les Européens et le reste du monde valident le compromis. Il annonce publiquement l'accord et quitte Copenhague. Sanction immédiate et sévère d'une Europe qui n'a pas su jouer l'unité.

Pour l'Union européenne, à mesure que la crise financière et économique va s'aggraver, les choses vont aller de mal en pis.

## Géant commercial, nain politique

À l'évidence, le néolibéralisme comme modèle, l'austérité comme solution, l'inter-gouvernementalité et la technocratie comme méthode forment un projet ni souhaitable, ni même efficace, pour les 500 millions de citoyens européens. Avec plus de 25 millions de chômeurs, l'explosion des inégalités et la précarité, le repli sur soi domine, la peur et la haine de l'autre se propagent, les égoïsmes nationaux triomphent, l'impuissance politique s'installe, la désillusion démocratique explose. Cette seule dernière année, pendant que les écrans de la télévision publique grecque affichaient le noir de l'austérité et du déni démocratique, l'Union européenne a validé un budget de régression, engagé sa dilution dans un grand marché transatlantique, refusé d'accueillir le dissident Edward Snowden[42], sacrifié son industrie photovoltaïque aux intérêts chinois, enterré l'ambition d'une PAC solidaire, écologique et sociale, observé passivement le massacre des Syriens, fermé les yeux devant les centaines de migrants noyés au large de Lampedusa et d'ailleurs, abandonné un peu plus son ambition climatique en s'illusionnant sur les gaz de schiste et les énergies fossiles pas chères... Les avancées sur le secret bancaire et la lutte contre les paradis fiscaux, l'union bancaire et la taxe sur les transactions financières n'effacent pas le goût amer de la révolution conservatrice en marche à l'échelle de l'Union comme de ses États-membres.

Voilà donc la victoire politique d'Angela Merkel, de David Cameron et de José Manuel

---

42. Informaticien américain, ancien employé de la CIA et de la NSA (National Security Agency), qui a révélé les détails de plusieurs programmes de surveillance de masse de citoyens et des dirigeants européens.

Barroso, de cette alliance destructrice entre l'austérité et la libéralisation compétitive d'une part, la finance, la dérégulation et l'atlantisme d'autre part. Cette alliance qui, pour la première fois de l'Histoire, pousse à la contraction du budget européen (85 milliards d'euros de moins sur 2014-2020) et nous prive de capacités à investir sur l'avenir, à moderniser l'économie, à former les jeunes et les salariés, à organiser la sobriété en ressources naturelles et en carbone. Cette alliance qui organise le grand marché unique transatlantique et ajoute l'OTAN de l'économie à celle de la défense.

Voilà surtout la défaite de la démocratie européenne, puisqu'une majorité du Parlement européen, avec les conservateurs, les libéraux et les sociaux-démocrates, a soutenu ces dérives. Malgré les grands discours sur l'intérêt général européen et l'absolue nécessité de la relance, ils ont plié devant leurs gouvernements, et approuvé un budget ajoutant de l'austérité à l'austérité, réduisant la solidarité, laissant la Grèce et d'autres un peu plus seuls face au risque de dislocation sociale et politique. De même ont-ils validé le lancement des négociations de libre-échange avec les États-Unis le lendemain des révélations sur le scandale des écoutes massives par la NSA des citoyens et dirigeants européens.

Cette logique nous enfonce toujours plus dans la crise et organise la désillusion démocratique. L'Europe est devenue le paravent des égoïsmes nationaux, le point de concentration de tous les renoncements à changer notre modèle de développement. Par lâcheté, elle est devenue un bouc émissaire facile, un coupable presque parfait. Les populismes de droite et de gauche s'engouffrent dans la brèche, tous les discours antieuropéens sont permis. Face à la complexité et à l'incertitude de la construction européenne, même les formations politiques historiquement proeuropéennes cèdent à la tentation du repli national.

Ces décisions retardent tout autant la perspective d'une politique industrielle commune. Alors que Lakshmi Mittal poursuit cyniquement le racket des subventions publiques sans que les dirigeants européens n'organisent de riposte, la dictature corrompue du Parti communiste chinois s'invite, avec la complicité d'Angela Merkel, à la table du Conseil européen. Concurrence déloyale avérée, destruction d'une industrie européenne du photovoltaïque puissante et prometteuse, rien n'y fait : il ne faut pas froisser la puissance chinoise qui menace de rétorsions tous ceux qui oseraient lui résister.

Je ne me résous décidément pas à ce que la première puissance commerciale du monde ne soit qu'un nain politique.

Les forces centrifuges et régressives dominent donc. La glaciation de l'Europe est-elle inéluctable ? L'idée européenne serait-elle, comme le communisme il y a un siècle, un rêve fracassé par la réalité ? Ma réponse est évidemment NON. Car ces forces sont politiques et doivent être combattues politiquement. Car l'Europe est un espace politique à conquérir, à construire.

Pour moi, l'Europe n'est pas qu'un héritage de l'après-guerre qu'il nous faudrait entretenir en multipliant les commémorations franco-allemandes. Je refuse ce processus d'abandon de souveraineté aux marchés et aux firmes qui relègue les États et leurs dirigeants au statut d'idiots utiles d'une mondialisation toujours plus libérale.

L'Europe est notre horizon démocratique car elle nous donne, si nous le voulons, la capacité d'agir collectivement et efficacement sur le réel, au service de l'intérêt général et de chaque citoyen. C'est à travers l'Europe que nous pouvons reconstruire de la souveraineté politique face aux marchés mondialisés, que nous pouvons apporter des réponses efficaces à la spéculation financière, à la concurrence et à l'évasion fiscale, à la désindustrialisation et à la régression sociale, comme au dérèglement climatique, à la raréfaction des ressources ou à la dégradation de la biodiversité.

Encore faut-il lui donner un sens et répondre au sentiment légitime d'abandon ressenti par nombre de nos concitoyens. Encore faut-il la refonder, tant sur le contenu de ses politiques que sur sa légitimité démocratique.

## Le libre-échange ne sauvera pas l'Europe

Première puissance commerciale du monde avec 16 % des échanges[43], l'Union européenne peine à s'imposer sur la scène internationale comme une puissance économique et politique. Divisée en matière de politique étrangère, incapable d'intervenir sur le massacre quotidien des Syriens, sa puissance politique est à l'image de sa représentation extérieure pilotée par la très fade Catherine Ashton. Divisée sur le plan économique, elle s'enfonce dans un libéralisme destructeur. Actant la fin du multilatéralisme, l'UE a engagé des négociations de libre-échange tous azimuts. Personne n'est oublié ! Elle continue à imposer aux pays d'Afrique, des Caraïbes et du Pacifique (ACP) et d'Amérique latine des accords de libre-échange au seul bénéfice des firmes européennes, au détriment des perspectives nationales et régionales de développement, favorisant la défiance des populations du Sud vis-à-vis de l'Europe. Nous devons renverser les majorités politiques en Europe pour que s'arrête cette course infernale.

Surtout, l'Union européenne et les États-Unis ont engagé, le 14 juin 2013, des négociations pour créer la plus grande zone de libre-échange au monde. Après plusieurs tentatives avortées

43. Selon les données du FMI, 2013.

depuis les années 1990, la Commission européenne, poussée par Angela Merkel et David Cameron, remet le couvert sans lésiner sur les promesses : 1 % de croissance annuelle supplémentaire, le boom de nos exportations et des emplois à gogo. Avec des gouvernements qui font du retour de la croissance leur horizon ultime, les chiffres avancés par la Commission font mouche. Passons sur l'escroquerie intellectuelle et politique : les bénéfices du libre-échange et de la dérégulation promis depuis vingt ans auraient dû nous donner une croissance économique supérieure à celle de la Chine ! Il n'en est rien. Au contraire, cette logique néolibérale nous a conduits à une croissance nulle, à 25 millions de chômeurs, à toujours plus d'inégalités sociales et de prédation sur les ressources.

De quoi parle-t-on ? L'accord envisagé ne cherche pas à favoriser les échanges de biens et services par la réduction des barrières tarifaires : le commerce transatlantique représente déjà plus du tiers du commerce mondial et les droits de douane sont marginaux. Cette nouvelle étape de libéralisation concerne avant tout les cadres réglementaires, c'est-à-dire les règles, les normes, les droits qui régissent l'économie et le vivre-ensemble, et traduisent, bien souvent, des choix de société décidés démocratiquement.

Côté américain, le mandat est clair : c'est toujours plus d'OGM, l'arrivée dans nos assiettes de la volaille chlorée et du bœuf aux hormones, la remise en cause de la Politique Agricole Commune (PAC). C'est encore plus de libéralisation des services, y compris de services publics, culturels et financiers. C'est, en matière de propriété intellectuelle, la menace sur les libertés numériques et sur les données privées, mais aussi la négation des indications géographiques protégées si importantes pour les produits de terroirs.

C'est, en matière d'investissement, plus de pouvoirs pour les groupes multinationaux, une capacité encore réduite pour les citoyens, les salariés, les États et les collectivités à défendre leurs droits ou à en instaurer de nouveaux s'ils remettent en cause les perspectives de profits privés. Barack Obama a d'ailleurs été on ne peut plus clair : « Cet accord renforcera le pouvoir de nos multinationales » ! C'est avec ce type d'accord que les firmes peuvent attaquer les États et leur demander des comptes lorsque leurs politiques publiques contreviennent à leurs intérêts. Ainsi l'entreprise américaine Lone Pine réclame-t-elle devant la justice 250 millions de dollars au gouvernement du Québec pour avoir prononcé un moratoire sur la fracturation hydraulique dans l'exploration et l'exploitation de gaz de schiste.

Sur tous ces sujets, une harmonisation par le haut serait évidemment souhaitable, y compris vis-à-vis des pays émergents. Ce n'est malheureusement pas l'objectif retenu par les acteurs de cette négociation, privilégiant plus sûrement la dérégulation et le moins-disant réglementaire.

On comprend alors que le journal allemand *Die Welt* dénonce lui aussi cet « Otan de l'économie » qui ne conduirait qu'à étendre définitivement à l'Europe le modèle américain !

**L'Europe ne sait pas ce qu'elle veut !**

On voudrait sacrifier ce qui nous reste de modèle européen, alors qu'on ne parvient pas à protéger notre industrie ? Absurde. Aux États-Unis, la politique commerciale sert de manière pragmatique la politique industrielle : la sidérurgie bénéficie du programme Buy American ; l'administration Obama a décidé depuis un an déjà de contrer le dumping chinois sur les panneaux photovoltaïques en imposant des droits de douane allant jusqu'à 250 % ; les PME profitent d'un Small Business Act qui leur donne un accès privilégié aux marchés publics. En Europe, la politique commerciale se fonde sur une foi inébranlable dans les vertus du libre-échange, au risque de sacrifier nos usines et ceux qui y travaillent, quitte à abandonner notre sidérurgie à Mittal et notre photovoltaïque aux Chinois.

Stratégiquement, l'UE a donc beaucoup à perdre, y compris son statut de premier producteur de normes au monde. Divisée sur ses intérêts commerciaux, sans politiques économique et industrielle communes, sans vision géostratégique partagée, fragilisée économiquement et politiquement, elle risque de ne pas peser lourd face aux États-Unis. Et si l'on en juge par la formidable capacité américaine à se présenter unie lors de négociations commerciales, les chances sont grandes de voir les Vingt-Huit se diviser à nouveau et céder sur des règles qui fondent pourtant l'identité européenne aujourd'hui.

Les États-Unis ne connaissent pas pareille confusion. Leur objectif est d'encercler la Chine. D'ailleurs, les négociations commerciales qu'ils ont engagées dans le cadre du « TransPacific Partnership » avec l'ensemble des pays d'Asie du Sud-Est, à l'exclusion de la Chine, sont leur priorité. Et ils savent qu'elles sont un puissant moyen de pression pour obtenir des concessions d'une Europe qui peine toujours à définir ses relations avec les zones émergentes.

L'avenir de l'Europe est-il dans le rôle de satellite des États-Unis, participant à la confrontation entre un bloc occidental et un bloc libéralo-communiste ? Si certains voient dans le rapprochement avec nos partenaires américains la chance pour l'Europe de se doter d'une politique commune en matière de défense, de commerce ou d'énergie, ils font fausse route : signer un tel accord, c'est purement et simplement confier les clés de notre avenir politique à nos amis américains, et les laisser décider pour nous ! Pire encore, constituer de nouveau ces fameux « États-Unis d'Occident » rêvés par les néoconservateurs signerait l'entrée dans une logique d'affrontement et, partant, sonnerait le glas des valeurs européennes fondées sur la recherche d'une paix durable entre ses membres et dans le monde, anéantirait la perspective d'une Europe « puissance médiatrice ».

Il y a urgence pour l'Union européenne à ne pas choisir entre Chine et États-Unis. Il y a urgence à travailler ensemble pour une harmonisation de nos propres normes, en vue de constituer une identité européenne véritable. Avant de nous engager dans de nouvelles aventures commerciales, réfléchissons avec nos concitoyens à l'avenir que nous voulons pour nous et les générations d'Européens à venir, à quel modèle de développement nous voulons pour l'Europe de demain. C'est tout l'enjeu du moment. L'urgence est de protéger et de moderniser notre économie, en nous dotant d'une politique industrielle ambitieuse, d'une politique de transition écologique, d'une politique fiscale harmonisée et d'une politique de change qui nous protège des yoyos délibérés du dollar et du yuan. La priorité est également de redéfinir l'accès à notre marché, en le conditionnant au contenu des importations en $CO_2$, au respect des droits humains, de la liberté syndicale, de normes sanitaires et environnementales exigeantes.

En 1998, Lionel Jospin avait stoppé, au nom de la France, la négociation de l'Accord multilatéral sur l'investissement (AMI) qui renforçait, là aussi de manière totalement déséquilibrée, les droits des investisseurs étrangers. Je regrette que François Hollande n'ait pas agi en ce sens.

## L'exception culturelle : un arbre qui cache une forêt de renoncements

Certes la France a obtenu d'exclure – au moins provisoirement – les services culturels de la négociation transatlantique. Tant mieux. Une belle mise en scène du politique et du symbolique d'ailleurs : au bout d'un long suspense – la ministre du Commerce Nicole Bricq allait-elle tenir jusqu'au bout ? – le brave Astérix a gagné contre le perfide Mickey, contre Google et le rouleau compresseur hollywoodien. Ça avait de loin – de très loin – le parfum d'un Dominique de Villepin donnant une leçon d'histoire à Colin Powell au Conseil de sécurité de l'ONU.

S'il faut évidemment se réjouir de cette avancée pour laquelle nous nous sommes battus au Parlement européen, faut-il pour autant crier victoire ? Absolument pas, à moins de considérer que la France est définitivement un petit pays, sans vision pour l'Europe, sans pensée sur la mondialisation, juste capable de beaux coups grâce à son droit de veto. L'exception culturelle est un bel arbre qui ne doit pas cacher la forêt des renoncements sur tous les autres sujets.

Je regrette que les fondements du combat pour l'exception culturelle n'aient pas été étendus à tous les champs de la société menacés par cet accord. *Quid* de l'exception alimentaire ? *Quid* de l'exception publique ? *Quid* de l'exception démocratique quand les citoyens européens espionnés par la NSA sont moins bien informés que les négociateurs américains ? Quand la France se plie aux exigences américaines et empêche le survol de son territoire au président bolivien Evo Morales parce qu'il est soupçonné de vouloir prêter assistance au dissident Edward Snowden ?

Les vraies victimes de ces négociations confidentielles sont la démocratie et les citoyens européens. Le processus engagé ressemble étrangement à celui du très controversé « traité contrefaçon » (ou ACTA), finalement rejeté par le Parlement européen au terme d'un combat épique. Secret et opacité en sont les maîtres mots, même si, sous la pression des députés européens verts et des associations, la Commission européenne a été obligée de rendre publics certains documents. Une première victoire, malheureusement limitée.

J'avoue mal comprendre le veto de nos dirigeants à rendre transparente cette négociation vu les choix de société qui y sont négociés et la défiance de nos concitoyens à l'égard des responsables politiques. Ils n'ont toujours pas tiré les leçons de l'échec d'ACTA et continuent avec la même arrogance à exclure les citoyens. Assurément, ils n'ont pas tiré non plus les leçons des crises que nous traversons en poursuivant les mêmes recettes de libre-échange et de dérégulation.

En ouvrant les négociations avec les États-Unis, les dirigeants ont un peu plus renoncé à défendre un modèle européen économique, industriel, social et écologique. L'extension programmée du modèle américain à l'Europe n'est pas seulement une menace pour notre économie, elle est une remise en cause fondamentale d'un modèle européen de société et un déni scandaleux de démocratie. Comme pour l'AMI en 1998, comme pour ACTA en 2012, les sociétés civiles ont leur mot à dire. Et les parlementaires conservateurs, libéraux et sociaux-démocrates finiront par les entendre pour, je l'espère, enterrer ce mauvais projet. À nous de convaincre les citoyens qu'il n'y a pas de fatalité, qu'il existe un espace démocratique qui n'est pas le renoncement, qu'ils doivent s'en saisir de part et d'autre de l'Atlantique. Car ce n'est pas l'Europe contre les États-Unis. Le combat qui a démarré oppose les sociétés aux firmes, l'intérêt général aux intérêts privés. J'y prendrai pleinement part !

### Le scénario noir n'est pas une fatalité

La crise des dettes n'a pas seulement pointé du doigt un vice de construction – une monnaie unique sans gouvernance économique. Elle a révélé le délitement du projet européen, du principe même d'intérêt général européen. Face à ces crises à répétition, les dirigeants européens ont finalement agi, mais trop tard, trop peu, très mal. Des prêts ont certes été accordés mais, en échange, l'Allemagne, chef de file des principaux pays contributeurs, a exigé la discipline. Cette discipline, portée dès 2010 par Angela Merkel et Nicolas Sarkozy, est devenue austérité, ajoutant de la récession à la récession.

Des réponses beaucoup plus efficaces auraient pu être adoptées. Elles étaient connues et restent d'actualité : mutualisation des dettes à l'échelle européenne, fonds de rédemption et renégociation des dettes spécifiquement liées au sauvetage des banques, programme ambitieux d'investissements dans les secteurs d'avenir fortement créateurs d'emplois, sortie des investissements productifs et sociaux des cadres de discipline budgétaire, création d'un fonds social européen d'assurance chômage se substituant aux États défaillants...

La crise a tout autant confirmé l'urgence de réformes beaucoup plus structurelles pour sortir de l'enfermement actuel. Remplacer le pacte de stabilité par un pacte de soutenabilité hisserait la convergence environnementale et sociale au-dessus de la convergence économique, budgétaire et fiscale. Commençons par un salaire minimum obligatoire dans tous les pays de l'Union. Organisons la convergence vers le haut des systèmes de protection sociale. Réformons immédiatement toutes les directives sur le détachement des travailleurs qui, dans les transports, le bâtiment, l'agriculture et ailleurs, font l'objet de tous les détournements pour payer des salariés à des conditions de protection sociale bien inférieures de celles du pays où ils travaillent. La mise en concurrence des systèmes sociaux comme la remise en cause des services publics sont perverses et inacceptables.

Un véritable budget communautaire, allant vers 5 % du PIB européen à l'horizon 2025 contre à peine 1 % aujourd'hui, nous donnerait les moyens d'une solidarité forte entre les territoires et les citoyens et d'une transition écologique rapide de notre économie. Dommage que les appels en ce sens de Jacques Delors n'aient pas été entendus, y compris en France par ceux qui prétendent être ses héritiers. Pour sortir des égoïsmes nationaux, des «*I want my money back*», les ressources propres du budget doivent progresser rapidement, fondées notamment sur la taxe sur les transactions financières, une taxe carbone aux frontières et une contribution climat-énergie intérieure. De même, un impôt limité sur les gros patrimoines, tel que préconisé par Thomas Piketty, pourrait rapporter plusieurs centaines de milliards d'euros par an à l'échelle européenne.

Engager l'harmonisation fiscale à l'échelle de l'Union est une priorité, peut-être la première. Car la concurrence que se livrent les États-membres pour attirer les revenus des entreprises et des particuliers, d'autant plus sauvage que la croissance est molle, mine les modèles sociaux. L'évasion fiscale en Europe serait de l'ordre de 1 000 milliards d'euros par an[44], le budget européen des sept prochaines années ! C'est autant de moins dans les budgets publics, dans les services publics, dans la solidarité nationale, dans l'investissement. En ciblant les catégories de la population et des entreprises dont les revenus sont les plus élevés, et qui sont aussi les plus mobiles, le dumping fiscal tue le consentement à l'impôt, pilier de la démocratie. Il conduit les États à baisser la part relative des impôts payés par les plus riches et, par conséquent, à ponctionner toujours plus les classes moyennes, celles qui font pourtant les élections ! Ce cercle vicieux, imposé par les néolibéraux et renforcé par l'absence de croissance, est mortifère pour la cohésion sociale et la démocratie. Il doit être rompu.

44. Selon les estimations de la Commission européenne.

Pour cela, l'Union doit donc mettre fin aux paradis fiscaux qui se trouvent sur son territoire (et ils sont nombreux !) et définir des taux minimaux d'impôt communs. Un taux minimal d'imposition sur les sociétés de 25 % constituerait un bon début.

Encore faudrait-il que le gouvernement français ait envie d'impulser une telle révolution fiscale. La fiscalité française est-elle efficace économiquement, juste socialement, protectrice écologiquement ? Non, trois fois non. Modernisation de l'économie, investissements dans la transition écologique et les services publics, réduction des inégalités et solidarité nationale, verdissement de la fiscalité pour favoriser l'emploi et pénaliser les pollutions, simplification et transparence, suppression des niches fiscales inutiles, des rentes et des gaspillages... telles sont les urgences françaises en la matière. L'abandon par le président Hollande de sa promesse électorale de grande réforme fiscale constitue pour moi l'erreur la plus lourde de ce début de quinquennat. Ce n'est pas seulement un engagement non tenu. C'est l'un des piliers de la démocratie qu'on laisse s'affaisser.

## « L'Europe, quel numéro de téléphone[45] ? »

Mais la transformation de l'Union européenne ne se résume pas à la liste des bonnes réformes à mettre en œuvre. Elle se fonde d'abord sur un changement profond de son organisation politique. Qui gouverne l'Europe aujourd'hui ? Le Sommet des chefs d'État et de gouvernement ? Le Conseil des ministres des Finances ? La Commission européenne ? La troïka Commission/Banque centrale/FMI ? Les marchés ? Les citoyens européens – comme nos dirigeants – seraient bien en peine de le dire. Ce qui est certain, c'est qu'aucune de ces options n'est démocratique.

Un gouvernement national est responsable devant son parlement. Quand le Conseil des ministres des Finances décide en mars 2013 de taxer tous les dépôts des épargnants chypriotes, la bêtise et l'injustice flagrantes de cette mesure ne sautent aux yeux d'aucun d'entre eux car cette instance n'est comptable devant aucune institution démocratique. Autoritarisme et désinvolture peuvent s'y exercer librement !

La gestion de la crise grecque est également emblématique de ce mélange poisseux entre

45. Selon l'expression employée par Henry Kissinger, ancien secrétaire d'État américain, pour stigmatiser l'absence d'unité politique de l'Europe.

austérité, technocratie et arrogance. Plutôt que de construire des solutions en associant l'ensemble des États européens, le Parlement européen et les Parlements nationaux, les forces politiques et les acteurs de la société civile grecque, Nicolas Sarkozy et Angela Merkel ont choisi de se constituer en directoire de l'Europe, en mettant en scène des dizaines de sommets et dîners franco-allemands de la dernière chance, davantage destinés à construire des statures nationales qu'à trouver les solutions efficaces.

Les yeux rivés sur les sondages, Angela Merkel a géré les plans de sauvetage à la Grèce en fonction des scrutins régionaux. Résultat : les programmes d'aide ont été beaucoup plus coûteux et terriblement moins efficaces. Plus grave, le patient grec est en même temps étranglé et mis sous respiration artificielle, au bord de l'agonie sociale et politique. Et quand le Premier ministre Papandréou a évoqué la perspective d'un référendum sur les mesures d'austérité qui lui étaient imposées, il a été convoqué par Merkel et Sarkozy et a dû attendre une heure avant d'être reçu vertement et se voir signifier une fin de non-recevoir ! La Grèce, comme beaucoup d'États-membres, a intégré l'Union européenne une fois libérée de la dictature. Quelle défaite incroyable si les dysfonctionnements européens devaient conduire à une nouvelle victoire de l'extrême droite !

La crise des dettes a donc démontré l'absolue nécessité d'une convergence économique et budgétaire plus forte entre les pays de la zone euro. Un tel processus ne peut se concevoir sans un contrôle démocratique de la Commission et une nouvelle organisation politique.

## Pour une République européenne

Malheureusement fidèle à l'esprit de la Ve République, François Hollande propose un gouvernement économique européen, plaçant les États au cœur de cette gouvernance. C'est tirer peu de leçons des dernières années et des dérives de la méthode intergouvernementale. Celle-ci a systématiquement privilégié les intérêts et les agendas électoraux nationaux à l'intérêt commun.

L'organisation politique de l'Europe économique doit reposer sur un nouveau Parlement. Parce que les Parlements nationaux tirent une part importante de leur légitimité de l'exercice budgétaire, je propose que le budget de la zone euro soit approuvé par un Parlement composé à parts égales des eurodéputés et de parlementaires nationaux issus de la zone euro. C'est devant ce même Parlement que la Commission serait comptable du contrôle qu'elle exerce sur les grandes orientations des budgets nationaux. Donnons-nous dix ans pour expérimenter un tel dispositif.

Cette proposition de gouvernement économique est également emblématique du décalage de la France avec l'Europe. Face au parlementarisme allemand et de beaucoup de démocraties européennes, la France continue de répondre par l'« exécutivisme », en un mot l'omnipotence de l'État. Du coup, elle peine à répondre au projet d'intégration politique de l'Allemagne. Traumatisé par le référendum constitutionnel de 2005 qui a vu sa famille politique s'étriper, François Hollande semble fuir la perspective d'un nouveau saut fédéral, celui d'une intégration politique, sociale et économique plus forte, parce qu'il passerait par une refonte des traités. Comment mettre fin alors au dumping fiscal par exemple si l'on conserve le vote à l'unanimité des pays ? Dans ce domaine comme dans d'autres, le vote à la majorité, fût-elle qualifiée, s'impose.

Le futur président de la Commission européenne sera dès 2014 issu des élections européennes. Loin de chercher un successeur à Jacques Delors, les chefs d'État et de gouvernement avaient choisi les dernières fois le candidat le plus servile, celui qui acceptait sans broncher la logique intergouvernementale et la primauté des égoïsmes nationaux. En un mot, José Manuel Barroso. Ce changement est donc important. Je soutiens d'aller plus loin : que le prochain Parlement s'autosaisisse de la rédaction d'une nouvelle Constitution, courte celle-là, qui garantisse les droits et libertés et définisse les grandes orientations politiques, sociales, environnementales et économiques de l'Union. Les citoyens ont besoin d'un projet européen simple et ambitieux.

## Des projets européens pour entrer dans le nouveau siècle

La reconstruction démocratique de l'Europe ne peut se limiter à des réformes institutionnelles, aussi importantes soient-elles. À la manière de la taxe sur les transactions financières, des coopérations renforcées doivent voir le jour entre les pays qui veulent aller plus vite, qui ne se satisfont plus de l'immobilisme actuel.

Une Communauté européenne de l'énergie, développant des infrastructures énergétiques et les projets industriels d'envergure européenne dans l'efficacité énergétique et les renouvelables pourrait rapidement voir le jour. On pense aux réseaux intelligents, au photovoltaïque, à l'éolien off-shore, aux énergies marines, à la biomasse ou encore au stockage de l'électricité. Souvenons-nous qu'en 1952 naissait la Communauté Européenne du Charbon et de l'Acier. L'enjeu n'était pas mince : construire la paix en organisant l'indépendance énergétique et, partant, la puissance industrielle et économique de l'Europe. Soixante ans plus tard, le défi énergétique reste immense et la nécessité de travailler ensemble aussi indispensable. L'Europe, pauvre en ressources fossiles, dépend de plus en plus du reste du monde pour satisfaire ses besoins en gaz, pétrole et uranium, avec une facture de plus de 500 milliards d'euros, soit 4 % de son PIB[46]. La France n'est pas en reste avec une facture énergétique de plus de 60 milliards d'euros. En outre, les prix de l'énergie ne cessent d'augmenter et jusqu'à 125 millions d'Européens souffrent de « précarité énergétique ». De nombreuses infrastructures énergétiques arrivent en fin de vie et des investissements de plusieurs milliers de milliards d'euros seront nécessaires dans les deux décennies qui viennent. Les dégâts environnementaux et sanitaires liés à l'énergie s'alourdissent et le dérèglement climatique s'accélère. Nos futurs, proche et plus lointain, dépendent donc de nos choix énergétiques présents.

Créons une nouvelle communauté européenne de l'énergie se donnant comme objectifs 50 % de réduction de notre consommation et 100 % d'énergies renouvelables à l'horizon 2050. Un tel projet impulserait une magnifique ambition collective et une multitude d'espaces d'innovation.

De même, le développement de projets européens rendrait l'Europe plus concrète et nos

46. Selon les estimations de l'Agence Internationale de l'Énergie (AIE), 2012.

investissements plus efficaces. Ainsi en est-il d'un « EADS[47] » du tramway. Le tramway va devenir le transport collectif et doux privilégié des villes dans le monde entier. L'Europe, notamment avec Alstom et Siemens, pourrait prendre le leadership mondial de ce marché.

Enfin, toutes les réformes, mesures, outils qui développeront le sentiment de citoyenneté européenne sont utiles : rapprochements et événements culturels et sportifs, passeport européen, éducation renforcée sur l'histoire et l'actualité européenne... Le programme Erasmus longtemps réservé aux étudiants est en train d'être élargi. Il doit offrir à tous les jeunes qui le souhaitent la possibilité de passer une année en Europe, que ce soit en apprentissage, en stage, en entreprise... Dans le même ordre d'idée, je propose que le programme français de service civique soit développé à l'échelle européenne et permette la multiplication de projets de protection de l'environnement et de cohésion sociale.

Faisons en sorte que, contrairement à la génération qui la précède, la jeunesse d'Europe s'inscrive d'évidence dans une double citoyenneté, nationale – ou plurinationale – et européenne, qu'elle assume avec enthousiasme l'Europe multiculturelle qui est déjà notre réa-

47. European Aeronautic Defence and Space Agency, à l'origine du succès d'Airbus.

lité, qu'elle rejette l'Europe forteresse qui fait de la Méditerranée un cimetière de migrants.

## Paris-Berlin avec escales

J'exècre la germanophobie distillée sous couvert de critique d'un contenu et d'une démarche politique. C'est vrai que, prenant acte de la faiblesse de ses partenaires européens, Angela Merkel impose depuis quelques années ses choix politiques en fonction de son impératif catégorique en matière économique : protéger aussi longtemps que possible les exportations qui tirent la croissance allemande. Et peu importe si l'Union européenne doit poursuivre son chemin de croix. Peu importe si, à force d'étrangler financièrement les économies de ses voisins, les recettes de la chancelière scient la branche sur laquelle l'activité allemande est assise, puisque les deux tiers des exportations allemandes se font en Europe.

Mais c'est oublier que le débat sur ces politiques est vif en Allemagne. De nombreux responsables politiques, y compris à droite, des intellectuels et des acteurs de la société civile critiquent avec virulence les dégâts de cette politique pour l'Europe et la dégradation de l'image de leur pays qu'elle génère. Ils rappellent avec raison que ce que préconise Merkel, en particulier la flexibilisation du marché du travail, n'est pas ce qui se pratique actuellement outre-Rhin. Ils soulignent surtout que les lois de flexibilisation du travail mises en œuvre par le chancelier Schröder au début des années 2000 ont entraîné la forte précarisation d'une part croissante des salariés allemands. Huit millions d'entre eux gagnent moins de 8 euros brut de l'heure, parce qu'il n'existe pas de salaire minimum et qu'ils ne sont pas conventionnés. Beaucoup n'obtiennent même pas 5 euros de l'heure. Les syndicats voient d'ailleurs dans le développement d'un marché du travail à deux vitesses une bombe à retardement pour la cohésion sociale, car le capitalisme allemand repose sur la qualité et le respect des salariés dans l'entreprise. N'oublions pas que si les Français ont une carte de membre à vie de l'État, les Allemands ont depuis longtemps privilégié leur adhésion au système économique.

L'absence d'ambition européenne de la France est un handicap sérieux au moment où la chancelière pousse avec force son agenda économique et politique. Faute d'opposition et d'alternative au sein du Conseil, elle réussit à imposer cette vision à l'ensemble de l'Europe.

À force de s'enfermer dans une Realpolitik régressive, la France semble avoir perdu la voix politique. Elle n'est pas inaudible, elle est muette ! Après avoir tenté d'infléchir la folie austéritaire avec un plan de relance à 120 milliards d'euros en juin 2012, François Hollande s'est laissé isoler. En s'arc-boutant sur le seul budget de la PAC, il a perdu toute capacité à contrer Cameron et Merkel qui réduisent la solidarité, la redistribution et l'investissement européens à peau de chagrin. Sur le traité de libre-échange avec les États-Unis, je n'ai pas fini d'y revenir, la France isolée n'a pas su dire non à la négation même de l'approfondissement politique et économique de l'Union. L'exception culturelle en matière de commerce, l'exception agricole en matière budgétaire et l'exception nucléaire en matière énergétique ne fondent ni le projet, ni le récit indispensables à l'Union européenne.

L'axe franco-allemand a toujours été le pilier central de la construction européenne. Une construction politique, quoi qu'on en dise. Depuis la Communauté Européenne du Charbon et de l'Acier (CECA) en 1952 jusqu'à l'euro en 2002, les objectifs étaient politiques – la réconciliation franco-allemande puis l'arrimage de l'Allemagne à l'Europe *via* l'abandon du mark. Les moyens ont souvent été économiques, même si la PAC et les fonds structurels sont des outils majeurs de redistribution et de solidarité. Les valeurs et les droits européens, comme le Marché commun, ont permis d'intégrer les pays qui sortaient des dictatures, au sud puis à l'est de l'Europe.

Mais ainsi que dans notre modèle de développement, le « comment » a pris le pas sur le

« pourquoi » : le marché unique a triomphé de la politique, abandonnant finalement l'espace démocratique européen au libéralisme et à la technocratie.

Cette dilution politique est accentuée par un déséquilibre aujourd'hui trop fort entre les deux rives du Rhin : l'économie allemande devient surpuissante quand la politique française devient impuissante. Et comme l'Allemagne a fini de « payer » pour le nazisme et ses atrocités, sa force économique s'assume politiquement. Il est urgent que la France reprenne sa place, sans fantasmer ni caricaturer son voisin, et contribue avec d'autres à l'émergence d'un nouvel agenda d'intégration politique en Europe.

# Conclusion

## 500 millions d'Européens, 500 millions de dissidents ?

Les pages qui précèdent décrivent une société française paralysée, aveuglée par un imaginaire national-étatiste obsolète et corsetée par des institutions repliées sur elles-mêmes. Incapable de se transformer pour s'adapter aux défis de ce siècle, l'État vit de sa mise en scène mais ne parvient plus à enrayer l'explosion des inégalités et peine à garantir les services publics essentiels. À trop vouloir sauver le présent grâce à des recettes du passé, il en vient à sacrifier l'avenir. Les citoyens rejettent ceux qui les dirigent, considérés comme une élite prédatrice, impuissante, déconnectée de la réalité, de « leur » réalité. La désillusion démocratique est immense. Au mieux, elle se traduit par une lassitude vis-à-vis de jeux politiques stériles, où la critique de l'autre camp est systématiquement privilégiée à l'explication et à la proposition. Au pire, elle s'exprime par la colère et l'adhésion à toutes les formes de populisme qui se développent en Europe.

Nous approchons à grandes enjambées de ce que le sociologue politique Colin Crouch appelait, dès 2004, la « post-démocratie ». « Nous avons la démocratie, nous avons les institutions, mais elles n'intéressent plus personne. Les citoyens votent mais beaucoup ne savent pas pour qui ils doivent voter. La démocratie continue à exister, mais elle a perdu ses énergies vitales[48]. »

En septembre 2012, alors que nous étions reçus à Matignon par Jean-Marc Ayrault pour parler d'Europe, Dany Cohn-Bendit, après avoir observé le décor et les ors de la République, s'était exclamé : « Mais comment peut-on penser le XXIe siècle dans un endroit pareil ? » La France joue les prolongations du XXe siècle, en portant à bout de bras une Ve République poussiéreuse dans laquelle un homme, seul, préside aux destinées de la nation et entretient le leurre d'une souveraineté nationale, intacte ou à portée de main, à l'abri du temps et du reste du monde.

---

48. Crouch, Colin, *Post-Democracy*, Cambridge, Polity Press, 2004.

## L'Europe des vieux contre les jeunes ?

Si la société est bloquée, c'est aussi qu'elle est le théâtre d'une guerre sans nom, sans chef ni armée identifiée : la guerre des générations. Cette guerre, parfaitement dissymétrique, saigne pour l'essentiel les générations nouvelles. Les arbitrages faits depuis trente ans par les élites politiques et économiques ont abouti à prendre la jeunesse comme variable d'ajustement des politiques publiques et du système économique. La dernière réforme des retraites, qui condamne un jeune entré en 2013 sur le marché du travail à le quitter à l'aube de ses soixante-dix ans, ne dit pas autre chose.

La génération que nous avons toujours connue au pouvoir s'est construite dans un contexte de croissance forte, de paix et de sexualité libérée. Nourrie aux trente glorieuses, elle a maintenu ses intérêts au prix d'un endettement massif, y compris vis-à-vis de la planète. Les générations suivantes sont soumises à un bizutage social permanent, entre le chômage chronique et généralisé, les pandémies sexuelles, la destitution de l'idée de progrès, par les formidables menaces qui pèsent sur l'avenir de notre planète et la qualité de nos modes de vie.

Il ne s'agit pas de lancer la chasse aux vieux – dont je serai d'ailleurs inévitablement et bien plus tôt que prévu la prochaine victime !

Simplement, il s'agit de refuser la monopolisation des responsabilités par une élite monocolore et endogame dont les conséquences collectives sont désastreuses.

Mettons en pratique l'article 28 de la Constitution de 1793 qui stipule : « Un peuple a toujours le droit de revoir, de réformer et de changer sa Constitution. Une génération ne peut assujettir à ses lois les générations futures. » Le risque n'est pas dans l'audace, l'imagination et le courage politique : il est dans le *statu quo*. Vive la VI^e^ République !

En condamnant les générations futures au désastre annoncé, nos élites font lentement mais sûrement de notre pays une terre d'émigration. Il n'y a qu'à voir l'engouement de notre jeunesse pour la mode du Permis-Vacances-Travail, lancée au milieu des années 2000, soit au moment de l'entrée en crise morale, politique et bientôt économique de notre pays et son continent tout entier. Les chiffres parlent d'eux-mêmes : quand 22 000 jeunes Françaises et Français résident en Australie pour y chercher le nouvel Eldorado, seulement 500 jeunes Australiens viennent chez nous ; quand 15 000 jeunes Françaises et Français gagnent le Canada, seulement 4 700 jeunes Canadiens viennent en France[49]. Tout comme au Japon,

49. Selon les données en ligne des consulats australien et canadien.

autre pays soumis à la pesanteur d'institutions d'un autre âge, la France se vide de ses jeunes. Jusqu'à quand fermera-t-on les yeux sur ce discrédit adressé par les plus jeunes à leurs aînés ? Dans cette société en manque d'oxygène, la *Petite Poucette* de Michel Serres préfère parfois l'exode à des institutions surannées, des diplômes abstraits, des inégalités immuables. Elle privilégie l'incertitude et le mouvement du vaste monde à la condamnation sociale, parce qu'elle n'a pas le bon âge, le bon sexe, la bonne couleur de peau, ou qu'elle n'est pas née dans le bon quartier. Elle sait que l'écologie et le partage sont les grands défis de sa génération.

## La société fuit les institutions

Parce qu'il s'est toujours identifié à ses institutions, le politique refuse d'admettre la remise en cause de la puissance et, partant, de la légitimité de l'État-nation. Vérité insupportable parce qu'elle questionne sa propre capacité à agir sur le cours des choses. Perspective évidemment intolérable pour lui, elle, eux, qui se rêvent tous un jour président de la République. Pourtant, il faut bien le reconnaître : comme l'État-nation, le politique ne peut plus tout.

Le vieil oligopole centralisé, dans lequel le pouvoir, le capital et la culture appartiennent à une extrême minorité, a vécu. Maintenant que ses limites paraissent si évidentes, il est crucial de donner toute leur place à la multitude d'alternatives où se concentrent aujourd'hui les énergies vitales de la société, ces tentatives décentralisées qui placent le citoyen, son territoire et son vécu au cœur du processus de décision. Il va sans dire que le vieux système fait tout pour maintenir l'existant. Évidemment, puisque cette nouvelle aristocratie est parvenue à retourner la méritocratie républicaine en rente à vie, quitte à saper toute idée d'égalité dans notre société : les diplômes des grandes écoles sont aujourd'hui autant de piliers du vieux monde, des passe-droits qui permettent de rester en haut de l'échelle à vie.

Il a été évoqué dans ce livre de nombreux exemples qui démontrent la capacité des citoyens et des salariés à reprendre la main sur l'économie, à redonner du sens à la production et au travail, dès lors qu'ils en ont le pouvoir. C'est tout l'enjeu de la démocratie économique et sociale à construire.

Mais il appartient aussi à cette caste – dont je fais partie – de reconnaître la place qui revient aux citoyennes et aux citoyens, et de considérer enfin comme légitimes les formes de représentation qu'ils ou elles ont choisies, quels que soient ces modes de délibération, de concertation en ligne ou de démocratie participative.

Alors qu'un vent de jeunesse démocratique a soufflé du sud de la Méditerranée jusqu'en

Turquie, en passant par le Brésil, l'Espagne et Israël, notre quotidien offre le spectacle d'un surplace insupportable et la perspective d'une régression sans retour. Orphelin des grands récits idéologiques, de la « grande politique » de Nietzsche, le débat politique reste obscurci par des leurres, chacun agitant son épouvantail. Il reste silencieux sur l'essentiel, toujours à bonne distance du réel.

Pour celles et ceux qui veulent bâtir un avenir pour notre pays, notre continent et les générations à venir, le choix est désormais clair : il nous faut entrer en dissidence. À la manière des Václav Havel et autres opposants au soviétisme dans l'ex-bloc de l'Est, qui préféraient faire vivre une contre-société en marge de l'URSS brejnévienne plutôt que de lutter armes à la main, il est temps pour nous de prendre la mesure de l'exaspération populaire et d'offrir une alternative au vote protestataire qui soulage mais ne construit rien. Il est temps que les énergies vitales prennent la main.

Le récit de la société ne peut plus être celui des idéologies et de leurs bréviaires. Finies les vérités révélées et assénées par une élite au reste de la société. Le récit écologiste est un récit pragmatique. Il articule le temps long et les défis écologiques de l'humanité avec les innovations sociales, culturelles, politiques et technologiques « du terrain ». Il combine une utopie « réaliste », celle d'une souveraineté collective et individuelle retrouvée, avec des pratiques et des expériences qui chaque jour inventent la liberté de la société, l'émancipation de chacune et de chacun, les solutions de la transformation écologique. Un récit où l'utopie guide le pragmatisme, où le pragmatisme alimente l'utopie.

## De nouvelles pratiques pour en finir avec les rentes économiques

Des citoyens chaque jour plus nombreux s'inscrivent dans de nouveaux usages en matière de consommation, dans de nouveaux types d'organisation qui dessinent une nouvelle société.

En Allemagne par exemple, loin des oligopoles rentiers des énergies polluantes, les citoyens possèdent la moitié des capacités de production d'énergies renouvelables installées depuis la sortie du nucléaire en 1999. Plus de 80 000 d'entre eux sont aujourd'hui regroupés dans quelque 650 coopératives. Le Danemark va dans la même direction puisque la loi commande de proposer 20 % des parts de tout projet éolien à la population locale. En France, les premiers parcs éoliens citoyens voient enfin le jour, comme à Béganne, dans le Morbihan. Les habitants ont réussi à installer sur le territoire de leur commune des éoliennes d'une puissance de 8 mégawatts, soit l'équivalent de la consommation d'électricité hors chauffage de 8000 foyers. Le tout financé par leurs soins.

On imagine sans mal la dimension révolutionnaire d'une transition énergétique où chacun, individuellement ou collectivement, peut produire l'énergie dont il a besoin à partir du soleil, du vent, de la biomasse ou de l'eau. Le choix citoyen en lieu et place des intérêts des grands groupes ! Vision d'horreur que cette démocratie énergétique pour les géants du pétrole et du nucléaire, qui explique leur opposition farouche aux politiques d'économies et de développement des renouvelables, mais aussi leur offensive en faveur du gaz de schiste ou du charbon dont ils sont sûrs de contrôler la rente. Quitte à sacrifier la lutte contre le dérèglement climatique.

De la même façon, les circuits courts dans l'agriculture et l'alimentation, y compris pour approvisionner les consommateurs urbains, constituent un formidable pied de nez aux groupes agro-alimentaires et de la grande distribution qui entendent bien décider seuls des conditions de production comme du contenu de nos assiettes.

Sans surprise, l'économie « traditionnelle » et les institutions combattent ces évolutions qu'elles ne contrôlent pas. La difficulté à mettre en place en France les fameuses actions de groupes, ou *class actions*, est révélatrice de cette résistance à ouvrir aux citoyens et aux consommateurs de nouveaux droits, ici celui d'un recours juridique collectif contre les rentes abusives, les risques sanitaires et environnementaux ou les discriminations.

## L'économie du partage fait société

Matrice de notre quotidien, les réseaux impulsent depuis une dizaine d'années de nouveaux comportements qui bouleversent les domaines de l'éducation, de la consommation, de la culture comme de l'information. Téléchargement en ligne, covoiturage et colocation notamment offrent de nouvelles voies d'émancipation qui sont autant de réponses au coût de la vie, au besoin du vivre-ensemble, aux menaces qui pèsent sur la planète. Cette économie du partage est bien plus qu'une économie de la débrouille. Elle fonde d'autres rapports économiques, tisse de nouveaux liens sociaux, redéfinit la frontière entre le marchand et le non-marchand.

Ainsi en est-il de l'industrie musicale et cinématographique percutée par le développement du partage de fichiers en ligne. Il n'est pas surprenant que les lobbies des industries culturelles et du divertissement aient tant fait pour contrôler le téléchargement de fichiers, avec pour résultat la création d'Hadopi, cette institution d'un autre temps qui criminalise les internautes, protège les rentes, sans réinventer la juste rémunération des créateurs. Pas surprenant non plus que 39 États aient voulu imposer une même logique répressive par le biais du Traité Anti-Contrefaçon, ACTA, quitte à menacer la liberté d'expression et les données privées. En charge pour les Verts de ce dossier au sein de la commission du commerce international, qui doit valider – ou pas – tout accord commercial, j'ai vu s'exercer sur nous la puissance des lobbies et les pressions permanentes de la Commission européenne. C'est finalement la mobilisation citoyenne européenne qui a poussé une majorité au Parlement à enterrer ACTA. Au moins provisoirement !

Le développement du covoiturage crée également une friction entre mondes ancien et nouveau, entre verticalité et horizontalité, entre propriété et usage. La redéfinition d'un modèle industriel automobile ne doit pas seulement s'inscrire dans un projet global de mobilité plus durable et accessible, il doit intégrer les nouveaux usages de la voiture. Et pour cause, comment ne pas s'interroger quand l'âge moyen d'un acheteur de véhicule neuf est de cinquante-cinq ans ? Comment ignorer les 3 millions d'inscrits sur le site BlaBlaCar[50], cette plate-forme digitale qui permet aux automobilistes de par-

50. Selon BlaBlaCar, avril 2013.

tager leur voiture avec des voyageurs effectuant le même trajet, répartir les frais de carburant et profiter d'un moment convivial ?

La colocation d'un logement, elle, passe toujours en France pour un gadget. Pénurie de logements, bulle immobilière, toutes les enquêtes classent le logement parmi les trois premières préoccupations des Français. Se loger est devenu une galère pour tout ménage ou célibataire en milieu urbain. Beaucoup n'ont pas attendu que l'État impose la construction de nouveaux logements pour partager le leur. Complément à la construction de logements sociaux, elle permet une meilleure occupation de logements à disposition sur le marché. Aujourd'hui, elle ne représente encore que 5 à 7 % de ce marché. C'est bien moins qu'en Allemagne où un tiers des étudiants partagent des contrats de location.

La colocation peut également contribuer à lutter contre la solitude, dont 4 millions de personnes souffriraient en France, selon des sondages parus au printemps 2011. C'est notamment le cas des personnes âgées. En réponse au vieillissement de nos sociétés, la colocation est encouragée outre-Rhin au nom de la mutualisation des soins, argument essentiel dans un contexte de désertification médicale et de pénurie de places en maisons de retraite. Elle s'inscrit donc dans les politiques de logement, mais aussi de santé publique et de cohésion entre les générations. Bref, c'est du sérieux.

## L'*empowerment*, pour en finir avec les rentes politiques

Les réseaux d'acteurs n'ont pas tous attendu Internet pour se développer et se confronter à l'autorité verticale. L'*empowerment*, si médiatisé ces derniers temps et pourtant vieux comme Hérode, connaît un développement sans précédent dans nos banlieues.

Jusqu'à présent terres de clientélisme privilégiées pour les notables politiques locaux, les quartiers populaires des métropoles françaises deviennent le théâtre de mise en mouvement des habitants autour de questions du quotidien : le paiement des charges, la propreté, le stationnement, ou encore les relations avec la mairie.

Autant de sujets qui mobilisent et permettent d'instaurer un nouveau rapport de force et de défendre ses droits : c'est de cette manière qu'une association de colocataires des Beaudottes à Sevran, en Seine-Saint-Denis, a obtenu le remboursement de 300 000 euros indûment perçus par leur bailleur, au titre de travaux non achevés ! De même, le travail de formation de « leaders » dans les domaines sociaux, économiques, culturels ou politiques renverse les logiques de dépendance vis-à-vis des institutions. Le travail mené par des associations comme Graines de France, qui s'inscrit dans un réseau international d'*empowerment*, ouvre un espace d'opportunités nouvelles pour les jeunes des quartiers.

Autre intérêt de ces initiatives, et ce n'est pas le moindre : sortir du clientélisme, système dans lequel la promotion sociale est conditionnée au soutien politique des élus ! À l'abri des partis politiques, des municipalités ou d'autres formes de pouvoirs institués, l'*empowerment* signe la fin de cette France « à la papa », dans laquelle un nombre infini de quartiers voyaient quelques « grands frères » être pilotés par « en haut » pour faire passer les messages issus de la mairie ou du bailleur auprès des familles. En France, aux États-Unis dans les ghettos noirs de Chicago, au Brésil avec les budgets participatifs de Porto Alegre, dans les campagnes en Inde sur le crédit, l'*empowerment* redonne aux gens du pouvoir sur leur existence. En cela, il est évidemment une dissidence, qui permet de remettre le politique à sa juste place.

La juste place de la politique, c'est donc celle qui offre aux autres la chance de trouver la leur. De nouvelles formes démocratiques surgissent, dans la production, dans les services, dans tous les secteurs de la vie et du quotidien. Partout des gens tentent de s'emparer à nouveau de leur destin. Évidemment, notre société a besoin de règles, d'institutions et de cadres pour l'aiguiller. Mais ce qui se construit en son sein, en silence, à l'abri de l'État et parfois même des marchés, est essentiel. L'enjeu de demain est la coexistence entre ces deux modèles. Le politique a là un moyen de réhabiliter son action et d'apaiser la colère dont il est l'objet de la part de nos concitoyens.

## Examen de conscience d'un (politique) Français

Abstention électorale, fuite des adhérents, discrédit au sein de l'opinion : les partis politiques prennent en pleine figure la crise de la représentation. Comment pourrait-il en être autrement ? Depuis toujours, à force de lutte acharnée pour conquérir le pouvoir, ils sont devenus les gardiens des institutions plutôt que les leviers du changement. Si la Ve République est un obstacle à la reconstruction de notre démocratie, c'est leur faute. Le pire est atteint quand les élus freinent d'eux-mêmes tout changement de cette République, en refusant la transparence de leur patrimoine, en repoussant l'interdiction du cumul des mandats et l'instauration de la proportionnelle, en instrumentalisant encore et toujours les minorités ethniques plutôt que favoriser leur inclusion politique, en reculant malgré les promesses le droit de vote des résidents étrangers. La démocratie est devenue une grand-messe électorale mise en scène par des experts en communication, coupant la représentation électorale du peuple censé l'élire. Parler d'oligarchie est devenu un lieu commun.

En pleine débâcle, Marc Bloch pointait déjà la responsabilité des partis politiques dans la chute de la IIIe République : « Prisonniers de dogmes qu'ils savaient périmés, de programmes qu'ils avaient renoncé à réaliser, les grands partis unissaient, fallacieusement, des hommes qui, sur les grands problèmes du moment – on le vit très bien après Munich –, s'étaient formé les opinions les plus opposées. Ils en séparaient d'autres, qui pensaient exactement de même. Ils ne réussissaient pas, le plus souvent, à décider de qui serait au pouvoir. Ils servaient simplement de tremplin aux habiles, qui se chassaient l'un l'autre du pinacle[51]. » De 1940 à 2014, les leçons n'ont toujours pas été retenues, ou si peu.

## Primaires démocratiques *vs* démocratie primaire : dépassons les frontières

Les partis tentent de réagir, avec plus ou moins de succès. Le meilleur, nous y avons

51. Bloch, Marc, *L'Étrange défaite*, Paris, Gallimard, coll. « Folio Histoire », 1990.

assisté en 2011, lors de la primaire désignant le ou la candidat(e) socialiste à la présidentielle, quelques semaines après la primaire des écologistes. Ont coexisté pendant quelques semaines deux modèles *a priori* opposés : 300 000 adhérents socialistes abandonnaient leur droit à désigner leur candidat à une communauté de trois millions de citoyens ! À cette occasion, le parti socialiste a vu sa nature changer du tout au tout : organiser la désignation de son candidat et non y procéder lui-même. Le pire, c'est la primaire interne à l'UMP pour désigner son président, qui a vu les manipulations succéder aux tricheries. Cette séquence a alors révélé, comme un condensé de la politique, le gouffre entre les discours tenus dans les médias et les pratiques à l'œuvre au sein des formations politiques livrées à elles-mêmes.

Europe Écologie a également réussi en 2009 à dépasser la forme classique du parti politique. En présentant des candidats issus de la politique, de la société civile et du mouvement social, en s'exonérant pendant plusieurs mois du fonctionnement propre à toute organisation politique traditionnelle, la campagne européenne des écologistes s'est davantage construite comme un mouvement que comme une plateforme partidaire. En plus de son casting, cette campagne a aussi fait le pari de mettre en débat son projet pour l'Europe. Parce qu'elle porte une transformation radicale de la société, l'écologie ne peut être arrogante, prétendre avoir toutes les réponses, asséner ses leçons et ses vérités.

Europe Écologie-Les Verts a semé dans la société un immense espoir, celui d'un mouvement politique nouveau, ouvrant grandes les fenêtres et les portes de l'écologie politique, attirant autour des militants de l'écologie politique des citoyennes et des citoyens de tous horizons, du secteur associatif, syndical, de l'entreprise ou du reste du paysage politique. Un mouvement refusant l'entre-soi et le repli sur soi, un mouvement en perpétuel questionnement de nos positions et de nos pratiques au contact de la société, de ses réalités économiques, sociales, sociétales. Un mouvement sûr de ses convictions qui revendique la fragilité, l'incertitude, la complexité et assume les contradictions du monde, de la société, de chacune et de chacun d'entre nous.

Peut-on transformer une dynamique politique et culturelle en mouvement politique durable et structuré ? Nous n'y sommes pas encore parvenus. À l'instar des autres formations politiques, nous avons reproduit chez nous la forme pyramidale que nous critiquons dans le système énergétique, dans l'agriculture, dans la République.

L'enjeu est pourtant immense : trouver les modalités d'une mise en réseau souple, non institutionnelle, de militants et d'acteurs de la transformation écologique. Il n'y a pas de fatalité à la banalisation organisationnelle, à l'épuisement militant, à la perte de la transgression politique parce que nous nous confrontons à l'épreuve du pouvoir.

Pas question pour moi de fétichisme ou d'idéalisation autour d'Europe Écologie et des Européennes de 2009. Mais c'est cet esprit et cette ambition qu'il faut essayer de faire renaître au sein du mouvement écologiste et dans la société, pour susciter de nouveau le débat, la curiosité et le désir d'écologie. Faire de la politique autrement, c'est d'abord en faire !

Il faudra bien aussi que les partis politiques dépassent leurs frontières nationales, afin d'être en phase avec la société et son caractère profondément transnational : qu'il s'agisse du climat, de l'énergie, des flux migratoires et de capitaux, tout ce qui fait nos vies dépasse nos frontières. Tout, sauf le politique. À nos formations de se servir des outils technologiques et médiatiques pour entendre, consulter et échanger avec les *petites Poucettes* qui peuplent un territoire devenu global. La mise en réseau des partis politiques, enfin revenus à leur place dans une société horizontale, est la condition du maintien sur pied de notre société démocratique, et de sa transformation. Il y a urgence. Car le vent mauvais de l'extrême droite souffle partout en Europe, s'engouffre dans le biais qui sépare la réalité de ce quotidien transnational du spectacle de la politique repliée derrière ses frontières. Il pourrait balayer les élections européennes à venir si nous ne réagissons pas.

## L'antidote au Front ne sera pas national

Aujourd'hui, 4 Français sur 5 estiment que les femmes et les hommes politiques travaillent avant tout pour leur propre compte[52]. Et ces sondages se retrouvent désormais dans les urnes. Mais la montée en flèche du Front national n'est pas un phénomène purement français. Les partis xénophobes d'extrême droite progressent partout et imposent le tempo politique en Hongrie, aux Pays-Bas, en Grèce, en Autriche, en Grande-Bretagne, en Belgique et ailleurs. Ils intègrent désormais des majorités gouvernementales. Des bouffons anticonformistes comme Beppe Grillo en Italie ou Frigide Barjot chez nous peuvent d'ores et déjà peser sur les coalitions au pouvoir ou sur l'opposition, à l'image du Tea Party aux États-Unis.

Les digues ont sauté et les droites « républicaines » sont prises en otage. Les partis de gouvernement sont tétanisés, sommés de rendre des comptes sur des propositions plus extravagantes les unes que les autres. Ils ne luttent pas contre les vrais ressorts de l'extrême droite : le

52. Dans l'enquête IPSOS citée p. 53-54.

système oligarchique et son impuissance politique à combattre les inégalités sociales et les ghettos, à remettre en cause un système qui vampirise les êtres humains et les ressources. Pire, les partis au pouvoir choisissent de valider partiellement les thèses souverainistes et xénophobes, jusqu'à valider la logique des boucs émissaires et stigmatiser des populations pour leur religion ou leurs origines. C'est la plus mauvaise des réponses : le vote protestataire choisit toujours l'original à la copie et les formations d'extrême droite n'ont qu'à se baisser pour ramasser les suffrages. Désormais le vote FN est ce refuge dans lequel les déçus du système rejoignent ses victimes.

Il ne suffit plus de dénoncer la « bête immonde » pour réduire à néant la menace de son accession au pouvoir. Il ne suffit pas de démontrer l'absurdité de solutions comme le retour au franc et aux frontières nationales, voire de répéter combien les élus du Front national au Parlement européen ne font rien, absolument rien, sinon toucher leurs indemnités et salarier des cadres de leur parti sur le dos de l'Europe. Il est vain d'agiter l'étendard de l'État pour pourfendre les peurs, prétendre soigner les confiances meurtries par la simple évocation de la sacro-sainte République.

Nicolas Sarkozy ne manque jamais de le rappeler : en 2007, il avait réussi à limiter le score du FN à 7 %. Seulement, c'était au prix d'un terrible mensonge. Car en promettant aux Français un volontarisme hystérique, il donnait l'impression que l'État pouvait tout. Soit exactement l'inverse de Lionel Jospin et son malheureux « l'État ne peut pas tout », aveu d'impuissance qui annonçait le 21 avril 2002. Mais les faits sont têtus et, sitôt élu, Nicolas Sarkozy a vu Marine Le Pen remonter à mesure que les limites de son volontarisme devenaient chaque jour plus patentes. François Hollande entend jouer la carte des résultats. Tant mieux. Mais, sans déconcentrer et décentraliser les lieux de décision, sans s'inscrire résolument dans un projet européen de relance, sans engager la transformation d'un modèle de développement à bout de souffle, la tentative est vouée à l'échec.

À l'heure où tout est transnational, il est illusoire de croire à un antidote français pour soigner le mal incarné par Marine Le Pen. Il s'agit de refonder un pacte avec nos concitoyens. En commençant par leur dire la vérité sur le monde dans lequel nous vivons, sa complexité, ses défis comme ses opportunités, leur dire la vérité sur les forces réelles de l'État et la pertinence du cadre national.

C'est en redonnant du pouvoir aux citoyens sur leur vie que nous remettrons la société en mouvement. Lutter contre le sentiment d'abandon ne pourra se faire qu'en regagnant la souveraineté là où elle est possible. Cela revient à construire des institutions qui répondent concrètement aux problèmes posés par notre époque au quotidien des citoyens, des salariés, des consommateurs et des territoires. L'Europe est une partie de la solution si nous sommes capables de nous réapproprier cet espace démocratique aujourd'hui abandonné au néolibéralisme, à l'austérité et à la technocratie. L'hiver européen que nous nous apprêtons à vivre doit nous interpeller : la construction de notre Europe ne peut plus souffrir de remise au lendemain.

## Quelle Europe ? À nous de décider !

La troïka symbolise cette Europe que les citoyens rejettent avec force et raison. Un système technocratique formé de la Commission européenne, de la Banque centrale européenne et du Fonds Monétaire International, qui n'est comptable devant aucune instance démocratique, impose aux pays malades de leurs finances publiques des saignées austéritaires, les enfonce dans la récession économique, la régression sociale et la dépression politique.

On en oublierait presque que l'Union européenne s'est construite sur la paix et la solidarité. Que c'est un projet qui a réconcilié un continent marqué par l'horreur de ses déchirements, un espace politique qui a intégré, un à un, les peuples qui se libéraient des dictatures. Quel terrible paradoxe de voir que les potions amères de l'austérité et du néolibéralisme – que les dirigeants européens infligent aujourd'hui à leurs citoyens – nourrissent d'autres populismes et sèment de nouvelles graines totalitaires !

Je l'ai dit, l'Europe n'est pas, comme le communisme il y a un siècle, un rêve fracassé par la réalité. L'Europe est un espace démocratique à conquérir et à construire.

Pour celles et ceux qui se désespèrent des errements souverainistes, des égoïsmes et des impasses d'États-nations partis à la renverse de l'Histoire et jaloux d'une souveraineté depuis longtemps abandonnée, pour celles et ceux qui savent que l'Europe est justement cet espace possible de reconquête de souveraineté politique face à la toute-puissance des marchés et de la finance, il y a d'abord l'impérieuse exigence de réalisme. L'Europe est dans une impasse. Ses dirigeants multiplient les fautes. Son organisation politique est indigne d'un espace qui prétend être un modèle démocratique. Nul besoin d'agiter sous nos yeux le spectre de la réconciliation franco-allemande, l'Europe que nous voulons n'est pas une commémoration. Elle est celle dont nous avons besoin. Mieux qu'un héritage, l'Europe est cet idéal que nos difficultés nous poussent à atteindre.

C'est en étant réalistes sur le constat que nous pouvons être utopistes sur le projet. Malgré les échecs, l'Europe peut s'inscrire dans une dynamique historique positive. Avons-nous seulement le choix ? La démocratie n'est ni une Constitution ni un traité : elle est la capacité de délibérer et d'agir collectivement au service de l'intérêt général, de répondre aux difficultés du quotidien et d'engager les transitions nécessaires vers un avenir bienveillant.

Face à des acteurs globaux comme Mittal, face au dérèglement climatique et à la raréfaction des ressources, face à la spéculation financière et l'évasion fiscale, face à la régression sociale, face au dumping social et environnemental qui alimente la mondialisation néolibérale, pouvons-nous jouer la carte du chacun pour soi et sacrifier chaque jour un peu plus notre souveraineté individuelle et collective ? J'espère avoir démontré dans ce livre que c'est nous condamner à l'échec.

Après quatre siècles de domination, il est temps pour l'Europe de redéfinir sa place et son rôle dans le monde, de manière moins arrogante, plus juste et finalement plus efficace. De puissance hégémonique, elle peut devenir puissance médiatrice, plaçant au cœur de son modèle de développement et de ses relations avec le reste du monde la solidarité, l'environnement, la démocratie, le métissage des savoirs et des cultures. Pour que se réconcilient enfin autour d'un espoir commun ceux qui ont peur de la fin du monde et ceux qui ont peur de la fin du mois. Pour qu'enfin citoyenneté nationale et citoyenneté européenne s'additionnent au lieu de se soustraire.

Les élections européennes de 2014 seront un grand rendez-vous démocratique. Le pire s'y exprimera assurément. À nous de faire entendre une autre musique, ni nationaliste, ni défaitiste. Défendons une Europe subversive et multiculturelle contre celle de la régression, des populismes de droite et de gauche, des replis souverainistes, libéraux ou républicains ; convainquons les citoyens de la force d'un new deal écologique contre l'abandon de souveraineté aux marchés et aux firmes ; aidons la France à retrouver la voix de la politique et l'ambition d'Europe. En dépendent notre protection sociale, notre capacité à protéger le climat ou la biodiversité, nos services publics, nos entreprises, notre ambition de vivre unis dans la diversité et d'être ouverts aux autres, notre responsabilité de construire un monde de paix.

L'Europe a trop souvent été ce qu'en faisaient ses dirigeants. Il est temps qu'elle devienne ce que veulent ses citoyens. Telle est mon ambition : faire des citoyens européens les 500 millions de dissidents prêts à prendre leur destin en main !

# Table

## Dans la même collection

André Philip, *Le Socialisme trahi...*, 1957.
Raymond Aron, *La Tragédie algérienne*, 1957.
*Faut-il supprimer les impôts ?* (collectif), 1957.
Roger Barberot, *Malaventure en Algérie avec le général Paris de Bollardière*, 1957.
André Kostolany, *La Paix du dollar*, 1957
Jacques Soustelle, *Le Drame algérien et la décadence française*, 1957.
Michel Debré, *Ces princes qui nous gouvernent*, 1957, 1975.
Gaston Fessard, *Libre méditation sur un message de Pie XII*, 1957.
Imre Nagy, *Un communisme qui n'oublie pas l'homme*, 1957.
Milovan Djilas, *La Nouvelle Classe dirigeante*, 1957.
Maurice Schumann, *Le Vrai Malaise des intellectuels de gauche*, 1957.
François Mitterrand, *Présence française et abandon*, 1957.
Edmond Michelet, *Contre la guerre civile*, 1957.
Robert Poulet, *Entretiens familiers avec L.-F. Céline*, 1958.
Karl Jaspers, *La Bombe atomique et l'avenir de l'homme*, 1958.
Jean Planchais, *Le Malaise de l'armée*, 1958.
Thierry Maulnier, *La Révolution du XXe siècle*, 1958.
Guy Mollet, *Bilan et perspectives socialistes*, 1958.
Alfred Fabre-Luce, *Demain en Algérie*, 1958.
Paul Sérant, *Où va la droite ?*, 1958.
Emmanuel Hamel, *Les Atouts français*, 1958.
Roger Stéphane, *La Tunisie de Bourguiba*, 1958.
Maxime Blocq-Mascart, *La prochaine République sera-t-elle républicaine ?*, 1958.
René Sédillot, *A.B.C. de l'inflation*, 1958.
Charles Montirian, *La Paix révolutionnaire*, 1958.
Africanus, *L'Afrique noire devant l'indépendance*, 1958.
René Massigli, *Sur quelques maladies de l'État*, 1958.
Giorgio La Pira, *Esquisses pour une politique chrétienne*, 1958.

*Écrits pour une renaissance*, par le Groupe de la « Nation française », 1958.

*L'Europe en question*, textes du Maréchal Juin et de H. Massis, 1958.

André Blanchet, *L'Itinéraire des partis africains depuis Bamako*, 1958.

Roger Duchet, *Pour le salut public*, 1958.

Raymond Aron, *L'Algérie et la République*, 1958.

Simone Gros, *La Politique de Carthage*, 1958.

Michel Debré, *Refaire une démocratie : un État, un pouvoir*, 1958.

*L'Ère des fédérations* (collectif), 1958.

Léo Hamon, *De Gaulle dans la République*, 1958.

Bernard Lafay, *La France retrouvée*, 1958.

*Un changement d'espérance* (collectif), 1958.

Émile Roche, *L'Ère des métamorphoses*, 1959.

Edward Teller et Albert L. Latter, *Notre avenir nucléaire*, 1959.

*L'Europe au défi* (collectif), 1959.

Europeus, *La Crise de la zone de libre échange*, 1959.

Michel Massenet, *L'Angoisse au pouvoir*, 1959.

Ludwig Erhard, *La Prospérité pour tous*, 1959.

Philippe Rossillon, *Patrie et progrès. Survivre à de Gaulle*, 1959.

Michel Déon, *L'Armée d'Algérie et la pacification*, 1959.

Paul-Henri Spaak, *Pourquoi l'O.T.A.N. ?*, 1959.

Paul Combe, *Le Drame français, du libre échange au Marché commun*, 1959.

Camille Rougeron, *Le Pétrole thermonucléaire*, 1959.

Fernand Gigon, *Guinée, État-pilote*, 1959.

Mehdi Ben Barka, *Problèmes d'édification du Maroc et du Maghreb*, 1959.

Pierre Viansson-Ponté, *Risques et chances de la Ve République*, 1959.

Alain Savary, *Nationalisme algérien et grandeur française*, 1960.

André Philip, *Pour un socialisme humaniste*, 1960.

N. S. Khrouchtchev, *Ce que je pense de la coexistence pacifique*, 1960.
Raymond Cartier, *France, quelle agriculture veux-tu ?*, 1960.
Nicolas Chatelain, *Le Président Kennedy, la nouvelle vague à la Maison Blanche*, 1960.
Général Jean Étienne Valluy, *Se défendre ? contre qui ? pour quoi ? et comment ?*, 1960.
Ève Dessarre, *Quel sera le destin de l'Afrique ?*, 1961.
Alain Peyrefitte, *Faut-il partager l'Algérie ?*, 1961.
*Marxisme et existentialisme* (collectif), 1962.
Guy Mollet, *13 mai 1958-13 mai 1962*, 1962.
Jacques Gagliardi, *Les Hexagonaux ou la Liberté consommée*, 1962.
Raymond Boisdé, *Pour une modernisation de la politique*, 1962.
Claude de Fréminville, *Faute d'empire*, 1963.
Michel Debré, *Sur le gaullisme*, 1967.
Raymond Barrillon, *La Gauche française en mouvement*, 1967.
Raymond Aron, *De Gaulle, Israël et les Juifs*, 1968.
Michel Debré, *À la jeunesse*, 1968.
Edgar Faure, *L'Éducation nationale et la participation*, 1968.
Auguste Lecœur, *Le Parti communiste français et la Résistance*, 1968.
Basil P. Mathiopoulos, *Athènes brûle*, 1968.
Jacques-Jean Robert, *Un Plan pour l'université*, 1968.
Pierre Bercot, *Vieillesse du prince*, 1969.
Jean-Marie Carzou, *Cinquante Vietnam*, 1969.
Jean Coin, *J'en appelle à cent mille hommes*, 1969.
Edgar Faure, *Philosophie d'une réforme*, 1969.
Raymond Marcellin, *L'Ordre public et les groupes révolutionnaires*, 1969.
Louis Médéric, *La Révolte de Paul Ricard*, 1969.
*Qu'est-ce que la participation ?* (collectif), 1969.
Marc Zamansky, *Mort ou résurrection de l'université ?*, 1969.
André Beaufre, *La Nature des choses*, 1969.
Arthur Conte, *Sans de Gaulle*, 1970.
Olivier Guichard, *L'Éducation nouvelle*, 1970.

Bernard Faÿ, *L'Église de Judas ?*, 1970.
Roland Nungesser, *La Révolution qu'il faut faire*, 1970.
Michel de Saint-Pierre, *La Jeunesse et l'amour*, 1970.
Michel Debré, *Lettre à des militants sur la continuité : l'ouverture et la fidélité*, 1970.
Jacques Debû-Bridel, *De Gaulle contestataire*, 1970.
Olivier Quéant, *Le Monde inconnu des prisons*, 1970.
Jacob Tsur, *La Révolte juive*, 1970.
Jacques Baraduc, *Pierre Laval devant la mort*, 1970.
Commission des affaires culturelles, familiales et sociales de l'Assemblée Nationale, *La Drogue*, 1970.
Alfred Sauvy, *Bilan de la France*, 1971.
*Plus décisif que la violence* (collectif), 1971.
Olof Palme, *Socialisme à la scandinave*, 1971.
Pierre Bercot, *Jeune cité sans démocratie*, 1972.
Jacques Ploncard d'Assac, *Manifeste nationaliste*, 1972.
Pierre Bercot, *Le Petit Livre bleu*, 1972.
Général André Beaufre, *Stratégie pour demain*, 1972.
Michel Debré, *Combat pour les élections 1973*, 1972.
Club Nouvelle Frontière, *Radioscopie des oppositions*, 1973.
Joseph Laniel, *Réflexions après l'action*, 1973.
Léon Noël, *Le Sort des institutions de la Ve République : l'avenir du gaullisme*, 1973.
Jacques Rueff, *La Réforme du système monétaire international : pour un succès immédiat et certain*, 1973.
Jean Roux, *Vers une démocratie scientifique*, 1973.
*O.R.T.F., l'agonie du monopole ?* (collectif, Université Paris I), 1973.
Vitalis Cros, *La Liberté colonisée*, 1974.
Jens Otto Krag, *Le Danemark à l'heure du Marché commun*, 1974.
Luc Boyer-Villars, *L'Église des jocrisses*, 1974.
André Beaufre, *La Nature de l'histoire*, 1974.
Amiral Marc de Joybert, *La Paix nucléaire*, 1975.
Michel Debré, *Ami ou ennemi du peuple ?*, 1975.
Michel Legris, *« Le Monde » tel qu'il est*, 1976.
Michel Debré et Jean-Louis Debré, *Le Gaullisme*, 1977.
Jules Moch, *Le Communisme, jamais !*, 1977.

Jacques Bloch-Morhange, *Manifeste pour 12 millions de contribuables*, 1977.
Philippe Lamour, *L'Écologie, oui, les écologistes, non !*, 1978.
Jacques Givet, *Israël et le génocide inachevé*, 1978.
Pierre Lefranc, *Que faire en 1981 ?*, 1979.
Christiane Scrivener, *L'Europe, une bataille pour l'avenir*, 1984.
Michel Jumilhac, *Le Massacre des innocents. France, que fais-tu de ta jeunesse ?*, 1984.
Général Alain de Gaigneron de Marolles, *L'Ultimatum : fin d'un monde ou fin du monde*, 1984.
André Halimi, *Apologie de l'adultère*, 1984.
Hélène Dorlhac de Borne, *Changer la prison*, 1984.
Richard Nixon, *Le Mythe de la paix*, 1984.
Alain Griotteray, *Les Immigrés : le choc*, 1984.
Jean-Pierre Fourcade, *La Tentation social-démocrate*, 1985.
Paul-Marie de La Gorce, *La Guerre et l'atome*, 1985.
Guy Marty, *L'Épargne assassinée ?*, 1985.
André Halimi, *Touche pas à l'Amérique*, 1985.
Bernard Plasait, *Retrouver la sécurité*, 1985.
Thiery Breton, *La Fin des illusions : le mythe des années high-tech*, 1992.
Jean Poperen, *Socialistes, la chute finale ?*, 1993.
Professeur Lucien Israël, *La Vie jusqu'au bout*, 1993.
Michel Creton, *De quoi je me mêle ? Les handicapés et nous*, 1993.
Alain Minc, *La Mondialisation heureuse*, 1997.
Christian Jelen, *Les Casseurs de la République*, 1997.
Bernard Debré, *L'Illusion humanitaire*, 1997.
Bernard Pivot, *Remontrance à la ménagère de moins de cinquante ans*, 1998.
Béatrice Majnoni d'Intignano, *L'Usine à chômeurs*, 1998.
Philippe Meirieu, *Lettres à quelques amis politiques sur la République et l'état de son école*, 1998.
Valéry Turcey, *Lettre aux gens honnêtes : qui se sentent un peu seuls en ce moment*, 1999.
André Kaspi, *Mal connus, mal compris, mal aimés : les États-Unis d'aujourd'hui*, 1999.

Bruno Seznec et Francis Szpiner, *Les Moutons de panel : contre les sondages*, 1999.

Roselyne Bachelot-Narquin, *Le PACS entre haine et amour*, 1999.

Constantin Melnik, *Politiquement incorrect*, 1999.

Patrick Devedjian, *Penser la droite*, 1999.

Bernard Glorion, *Quelle médecine au XXIe siècle ? Il est temps d'en parler*, 2000.

Xavier Darcos, *L'Art d'apprendre à ignorer*, 2000.

Jean-Marc Varaut, *Faut-il avoir peur des juges ?*, 2000.

José Rossi, *Aux Corses et à ceux qui ne le sont pas. Entretiens avec Jean-René Laplayne*, 2001.

Valéry Turcey, *L'Horreur juridique : vers une société de procès*, 2002.

Claude Allègre, *Vous avez dit matière grise ?*, 2006.

Éric Decouty, *La Dictature du moi-je ! Les vraies gens au pouvoir*, 2007.

Mark Leonard, *Que pense la Chine ?*, 2008.

Robert Kagan, *Le Retour de l'Histoire et la fin des rêves*, 2008.

Jean Peyrelevade, *Sarkozy : l'erreur historique*, 2008.

Axel Kahn, *L'Ultime Liberté ?*, 2008.

Matthieu Pigasse et Gilles Finchelstein, *Le Monde d'après. Une crise sans précédent*, 2009.

Alain-Gérard Slama, *La Société d'indifférence*, 2009.

Bruno Racine, *Google et le nouveau monde*, 2010.

Roger-Pol Droit et François Henrot, *Le Banquier et le Philosophe*, 2010.

Jean-Paul Brighelli, *Tireurs d'élites : défense et illustration de l'élitisme républicain*, 2010.

Marie-France Garaud, *Impostures politiques*, 2010.

Alain Cotta, *Sortir de l'euro ou mourir à petit feu*, 2010.

Gérard Collomb, *Et si la France s'éveillait*, 2011.

Dominique Reynié, *Populismes : la pente fatale*, 2011.

Xavier Raufer, *Quelles guerres après Oussama Ben Laden ?*, 2011.

Hervé Algalarrondo, *La Gauche et la préférence immigrée*, 2011.

Jean Peyrelevade avec Pierre-Antoine Delhommais, *France, état critique*, 2011.

Chantal Delsol, *La détresse du petit Pierre qui ne sait pas lire*, 2011.

Alexandre Adler, *La France européenne, le grand tournant*, 2012.

Arnaud Leparmentier, *Ces Français, fossoyeurs de l'euro*, 2012.

Jean-Paul Betbèze, *Si ça nous arrivait demain*, 2013.

Élisabeth Schemla, *Islam, l'épreuve française*, 2013.

Olivier Mathiot, *La gauche a mal à son entreprise*, 2013.

Cet ouvrage a été imprimé en France
par CPI Bussière
à Saint-Amand-Montrond (Cher)
en janvier 2014

La photocomposition de cet ouvrage
a été réalisée par
GRAPHIC HAINAUT
59163 Condé-sur-l'Escaut

N° d'impression : 2005466.
Dépôt légal : janvier 2014.